かん字のふくしゅう 1。

二年生でならったかん字（1）

★新しくつかう、三年の教科書㊤でふくしゅうするかん字です。

↓正しい答えが書けたら、□に✓をつけましょう。

1 ――線のことばを、かん字をつかって書きましょう。

□ ① たかい山。（　　）
□ ② つよい体。（　　）
□ ③ 力がよわい。（　　）
□ ④ おなじ形。（　　）
□ ⑤ ながいひも。（　　）
□ ⑥ くびをのばす。（　　）
□ ⑦ きいろにぬる。（　　）
□ ⑧ 手をひろげる。（　　）
□ ⑨ 白いはね。（　　）
□ ⑩ 一まんえん（　　）
□ ⑪ 数がすくない。（　　）
□ ⑫ パンをうる。（　　）
□ ⑬ うまが走る。（　　）

2 ――線のことばを、かん字をつかって書きましょう。

□ ① にとうのキリン。（　　）
□ ② じかんがかかる。（　　）
□ ③ 虫がおおい。（　　）
□ ④ 本をかう。（　　）
□ ⑤ 学校のもん。（　　）
□ ⑥ ちずを見る。（　　）
□ ⑦ あそびにいく。（　　）
□ ⑧ 北のほうがく。（　　）
□ ⑨ げんきいっぱい。（　　）
□ ⑩ 立ちどまる（　　）
□ ⑪ こころぼそい（　　）
□ ⑫ ふとい木。（　　）
□ ⑬ ぼくのしんゆう。（　　）

教科書 ㊤41・52・70ページ

← うらのページにつづくよ！

3 ――線のことばを、かん字をつかって書きましょう。

- ① 先生にあう。（　　）
- ② 車がとおる。（　　）
- ③ たにをわたる。（　　）
- ④ ゆみやを作る。（　　）
- ⑤ まとにあたる。（　　）
- ⑥ とをしめる。（　　）
- ⑦ 大きないわ。（　　）
- ⑧ まるいボール。（　　）
- ⑨ ぴかぴかひかる。（　　）
- ⑩ そりをひく。（　　）
- ⑪ 学校からかえる。（　　）
- ⑫ にちようび（　　）
- ⑬ あさのあいさつ。（　　）
- ⑭ かおをあらう。（　　）
- ⑮ しつないですごす。（　　）

4 ――線のことばを、かん字をつかって書きましょう。

- ① とうきょうえき（　　）
- ② いもうとと弟。（　　）
- ③ はんぶんにわける。（　　）
- ④ きゃくがくる。（　　）
- ⑤ ごご三じ（　　）
- ⑥ ごぜん九じ（　　）
- ⑦ なんかいもよぶ。（　　）
- ⑧ そとに出る。（　　）
- ⑨ にくを食べる。（　　）
- ⑩ にっきを書く。（　　）
- ⑪ テレビばんぐみ（　　）
- ⑫ あねと話す。（　　）
- ⑬ まいにちあそぶ。（　　）
- ⑭ たのしみなこと。（　　）
- ⑮ こがたなをつかう。（　　）

かん字のふくしゅう 2 二年生でならったかん字(2)

★新しくつかう、三年の教科書(下)でふくしゅうするかん字です。

月　日

問／56問

答え 83ページ

サクッとこたえあわせ

↓正しい答えが書けたら、□にレをつけましょう。

1 ――線のことばを、かん字をつかって書きましょう。

□ ① きたへむかう。（　　）

□ ② 天文だい（　　）

□ ③ 近くのこうえん。（　　）

□ ④ おてらに行く。（　　）

□ ⑤ かっきがあふれる。（　　）

□ ⑥ いちばへ行く。（　　）

□ ⑦ てんすうが入る。（　　）

□ ⑧ あたらしいノート。（　　）

□ ⑨ せん路(ろ)をわたる。（　　）

□ ⑩ ふるいたてもの。（　　）

□ ⑪ 町のこうばん。（　　）

□ ⑫ にしをむく。（　　）

□ ⑬ はやくはしる。（　　）

2 ――線のことばを、かん字をつかって書きましょう。

□ ① ひろばであそぶ。（　　）

□ ② みなみのしま。（　　）

□ ③ 友だちのいえ。（　　）

□ ④ じぶんのつくえ。（　　）

□ ⑤ おんがくをきく。（　　）

□ ⑥ こくごの時間。（　　）

□ ⑦ 話をきく。（　　）

□ ⑧ かんでん池(ち)（　　）

□ ⑨ しんぶんをよむ。（　　）

□ ⑩ かいしゃを作る。（　　）

□ ⑪ けいさんをする。（　　）

□ ⑫ うたごえ（　　）

□ ⑬ こく板(ばん)をけす。（　　）

教科書 (下)64・96・137ページ

↓うらのページにつづくよ!

3 ——線のことばを、かん字をつかって書きましょう。

- ① えをかく。
- ② りかのじっけん。
- ③ 木をきる。
- ④ よくかんがえる。
- ⑤ さんすうのドリル。
- ⑥ ことばをしる。
- ⑦ 名前をおしえる。
- ⑧ でん気かい路[ろ]
- ⑨ 図画こうさく
- ⑩ どくしょをする。
- ⑪ 話しあい
- ⑫ はれのち雨。
- ⑬ すすきのはら
- ⑭ ひるごはん
- ⑮ なしをたべる。

4 ——線のことばを、かん字をつかって書きましょう。

- ① ゆっくりあるく。
- ② すずしいあき。
- ③ ゆきがつもる。
- ④ あたたかいはる。
- ⑤ あついなつ。
- ⑥ さむいふゆ。
- ⑦ きしゃにのる。
- ⑧ とおい道のり。
- ⑨ やまざとの近く。
- ⑩ さかなをつる。
- ⑪ むぎちゃをのむ。
- ⑫ ほしがまたたく。
- ⑬ 明るいよぞら。
- ⑭ うみでおよぐ。
- ⑮ たいそうをする。

きほんのドリル 3

よく聞いて、じこしょうかい／どきん わたしのさいこうの一日 春風をたどって (1)

時間15分 合かく80点 ／100

サクッとこたえあわせ

答え 83ページ

月　日

◉どきん／春風をたどって

1 次の——線の漢字の読みがなを書きましょう。　30点（一つ3）

① 詩（　）
② 学習（　）
③ 言葉（　）
④ 旅（　）
⑤ 気持ち（　）
⑥ 着目する（　）
⑦ 進む（　）
⑧ 空気（　）
⑨ 二人（　）
⑩ 登場人物（　）

◉よく聞いて、じこしょうかい

2 じこしょうかいをするときにちゅういすることとして、正しいものに○をつけましょう。　10点

ア（　）話している人の方は見ずに、話すことを考えておく。
イ（　）話すときは、みじかいことばで、はっきりと話す。
ウ（　）自分のすきなものなら、いくつでも話してよい。
エ（　）順番は気にせず、じゆうに話す。

◉わたしのさいこうの一日

3 日記に書くことについて、（　）に当てはまる言葉を□からえらんで、記号を書きましょう。　20点（一つ5）

① 見つけた（　）や、こと。
② （　）や家の人との話の中で、出てきた言葉。
③ （　）を読んでいて出会った言葉。
④ 「春らしいな。」「夏がきたみたいだ。」などのように、（　）をかんじたこと。

ア きせつ　イ 友だち　ウ もの　エ 本

うらのページにつづくよ！

教科書 上14～34ページ

4 次は、原さんが書いた、さいこうの一日の日記です。原さんが、「さいこうの一日」と思っていることは、どんな行どうから分かりますか。書きぬきましょう。

教上19ページ中6行～9行

午後は、サッカークラブのれんしゅうじあいでした。シュートが二回もきまったのがうれしくて、スキップをしながら帰りました。

〈「わたしのさいこうの一日」より〉

（　　　　）10点

5 次の詩を読んで、問題に答えましょう。

教上16ページ～17ページ

どきん

谷川俊太郎

さわってみようかなあ　つるつる
おしてみようかなあ　ゆらゆら
もすこしおそうかなあ　ぐらぐら
もいちどおそうかあ　がらがら
たおれちゃったよなあ　えへへ
いんりょくかんじるねえ　みしみし
ちきゅうはまわってるう　ぐいぐい
かぜもふいてるよお　そよそよ
あるきはじめるかあ　ひたひた
だれかがふりむいた！　どきん

(1) 「さわってみようかなあ」とありますが、さわってみたら、どんなかんじがしましたか。詩から言葉を書きぬきましょう。

（　　　　）10点

(2) おしていったら、さいごにどうなりましたか。

（　　　　）10点

(3) 「どきん」とかんじたのは、なぜですか。次からえらんで、○をつけましょう。10点

ア（　）たおしてしまって、しかられたから。
イ（　）だれかがふりむいて、びっくりしたから。
ウ（　）歩きはじめて、楽しくなってきたから。

ヒント
5(3) さい後だけ、「！」がついているよ。

きほんのドリル 4。

春風をたどって (2)

時間 15分　合かく80点　／100　答え 83ページ　月　日

1 次の——線の読みがなを書きましょう。　24点（一つ3）

① 書き始める（　　）
② 電車が動く。（　　）
③ 深い川。（　　）
④ 様子を見る。（　　）
⑤ さいごの場面。（　　）
⑥ 黄金にかがやく。（　　）
⑦ 今日は日曜だ。（　　）
⑧ 物語を読む。（　　）

2 次の——線の言葉のいみをえらんで、○をつけましょう。　12点（一つ4）

① しっぽをたいくつそうにゆらす。
ア（　）することがなくて、ひまなようす。
イ（　）いそがしくて、おちつかないようす。
ウ（　）きげんがよく、うれしそうなようす。

② 雨雲をながめて、ためいきをつく。
ア（　）つかれたときなどに出る、くるしそうないき。
イ（　）がっかりしたときなどに出る、大きないき。
ウ（　）とちゅうで、きゅうけいするときに入れるいき。

③ 足を止めるけはいはない。
ア（　）何となくかんじられるようす。
イ（　）目ではっきりと見えるようす。
ウ（　）耳ではっきりと聞こえるようす。

3 「ルウ」が通った場所を順にえらんで、記号を書きましょう。　ぜんぶできて14点

高い木のえだ →（　　）→（　　）→（　　）

ア すあな　　イ 森の中のしげみ　　ウ 花ばたけ

← うらのページにつづくよ！

4 次の文章を読んで、問題に答えましょう。

教上 26ページ4行～27ページ8行

ノンノンは、ガサガサと近くのしげみに入っていきます。少しまよってから、ルウも、その後についていってみることにしました。

前が見えないほど深いしげみを、ルウは、草をかき分けながら進みます。すると、そのうちに、知らないにおいに気がつきました。さわやかで、ほんのりとあまい、とてもすてきなにおいです。

「ノンノンは、こんなにかすかなにおいに気づいてたんだ。」

ルウはびっくりして、ノンノンのせなかを見つめました。

しげみは、どこまでもどこまでもつづいています。ルウはだんだんつかれてきてしまいましたが、前を行くノンノンが足を止めるけはいはありません。においのしてくる方へむかって、まっすぐに、どんどん進んでいきます。その様子はまるで、ルウが知っているいつものノンノンとはべつのりすのようでした。

〈如月かずさ「春風をたどって」より〉

(1) ルウとノンノンはどこに入っていきましたか。文章中から三字で書きぬきましょう。 10点

(2) 「知らないにおい」とありますが、どんなにおいですか。二つえらんで、○をつけましょう。 10点(一つ5)

ア（　）さわやかなにおい。
イ（　）草のにおい。
ウ（　）あまいにおい。
エ（　）おいしそうなにおい。

(3) 「ルウはびっくりして」とありますが、ルウはなぜびっくりしたのですか。 10点

〔　　〕

(4) どこまでもどこまでもつづくしげみを歩くルウは、どうなりましたか。 10点

〔　　〕

(5) 「まっすぐに、どんどん進んで」いくノンノンを、ルウはどう思いましたか。 10点

〔　　〕

ヒント ④(3) すぐ前の「　」にちゅうもくしよう。

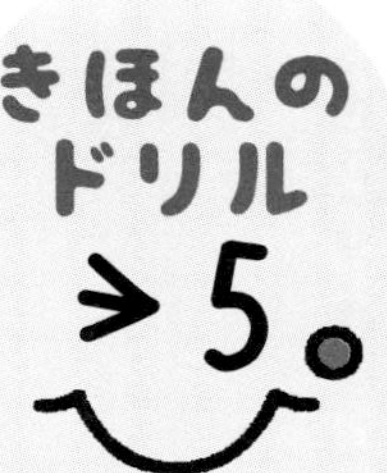

図書館たんていだん
国語辞典(じてん)を使おう／漢字の広場①
きせつの言葉1　春のくらし

◉図書館たんていだん／国語辞典を使おう

1 次(つぎ)の――線の漢字の読みがなを書きましょう。　48点（一つ3）

① 番号（　　）
② 使う（　　）
③ 調べる（　　）
④ 図書館（　　）
⑤ 温かい（　　）
⑥ 問題（　　）
⑦ 意味（　　）
⑧ 平気（　　）
⑨ 湖（　　）
⑩ 漢字（　　）
⑪ 自由（　　）
⑫ あま酒（　　）
⑬ 発売（　　）
⑭ 文章（　　）
⑮ 問い（　　）
⑯ 人形（　　）

◉図書館たんていだん

2 次の本は、図書館でどのたなにならべられていますか。本のぶんるいのひょうを見て、番号を書きましょう。　12点（一つ3）

① （　　）オリンピックでおこなうスポーツについて書かれた本。
② （　　）すんでいるちいきの、むかしのことが分かる本。
③ （　　）早口言葉など、おもしろい言葉をあつめた本。
④ （　　）まほうつかいが登場する物語の本。

番号	ないよう
0	じてんや調べるための本
1	どうとくや心についての本
2	れきしやちいきの本
3	社会のしくみの本
4	しぜんにかかわる本
5	ぎじゅつやかんきょうの本
6	しごとの本
7	げいじゅつやスポーツの本
8	言葉の本
9	文学の本

教科書 上35～43ページ

うらのページにつづくよ！

◉漢字の広場①

3 ——線の言葉を、漢字を使って書きましょう。 18点（一つ3）

① きりんがながい くびをのばします。

② たかい木の上に、つよいさるど、よわいさるがおなじくらいいます。

◉きせつの言葉1　春のくらし

4 （　）に当てはまる言葉を［　］からえらんで、記号を書きましょう。 6点（一つ2）

きのうは、にわで花の（　　）をしました。外はあたたかくて、小鳥の声が聞こえていました。もう、木のえだの先に（　　）が見られました。家にもどった後、お昼は（　　）ごはんを食べました。

ア　めばえ　　イ　たけのこ　　ウ　なえ
エ　たねまき　　オ　くり

5 次の詩を読んで、問題に答えましょう。

📖教上42ページ～43ページ

みどり　　内田 麟太郎

みどり　まみどり
こいみどり

はるの　のやまは
よりどりみどり

みどりの　ことり
みどりに　かくれ
さがせど　さがせど
こえばかり

(1) 「はるの　のやま」は、何色になっていますか。 6点

［　　　］色

(2) 「みどりの　ことり」は、どんな様子ですか。（　）に当てはまる言葉を詩の中から書きぬきましょう。 10点（一つ5）

みどりの中に（　　　　）てしまい、（　　　　）だけが聞こえている様子。

ヒント　5(2)「さがせど　さがせど」見つからないんだね。

まとめのドリル 6

春風をたどって 国語辞典を使おう 漢字の広場①

時間 20分
合かく80点
／100
サクッとこたえあわせ
答え 84ページ
月　日

◎国語辞典を使おう

1 ——線の言葉を、国語辞典の見出し語の形に直しましょう。 20点（一つ5）

① パンやをひらきました。（　　）
② 心をこめてあいさつしましょう。（　　）
③ しずかに森の中をさんぽする。（　　）
④ きのうは朝からいそがしかった。（　　）

2 「あたたかい」という言葉を国語辞典で引くと、［　］のようにのっていました。①②の意味は、それぞれどれに当たりますか。記号を書きましょう。 12点（一つ6）

①（　　）あたたかいスープをのむ。
②（　　）あたたかい人の心。

ア　おんどが高い。〈れい〉あたたかいごはん。春はあたたかい。
イ　思いやりがある。〈れい〉あたたかい言葉。
ウ　おだやかなかんじである。〈れい〉あたたかい色。

3 次（つぎ）の言葉のうち、国語辞典で見出し語として先に出ているほうに、○をつけましょう。 15点（一つ3）

① ア（　）あおい　イ（　）あかい
② ア（　）アイス　イ（　）あいず
③ ア（　）がっこう　イ（　）かっこう
④ ア（　）ほうき　イ（　）ホール
⑤ ア（　）バス　イ（　）パス

うらのページにつづくよ！

教科書 上21～41ページ

◉漢字の広場①

4 ——線の言葉を、漢字を使って書きましょう。 21点（一つ3）

① 動物園のもんから、はねをひろげたくじゃくが見える。

② 昼ごはんのじかんに、ばいてんでいちまんえんを出してパンをかう。

◉春風をたどって

5 次の文章を読んで、問題に答えましょう。

教上30ページ10行〜31ページ12行

その夜、ルウは、すあなでたから物のしゃしんをながめていました。

きれいだなあ。いつか行ってみたいなあ、とうっとりしながら。

「だけど、あの海色の花ばたけも、とってもすてきだったなあ。」

ぽつりとつぶやいてから、ルウはふと思いつきました。

「そうだ。ぼくの知らないすてきなばしょが、ほかにもまだ、近くにあるかもしれない。あした、ノノンをさそって、いっしょにさがしてみることにしよう。ノノンといっしょなら、またあの花ばたけみたいなけしきを、見つけられそうな気がするから。」

そんなふうに考えてわくわくしながら、ルウがねどこにねそべると、花ばたけからついてきたさわやかなかおりが、ふわりとルウのはなをくすぐりました。

〈如月かずさ「春風をたどって」より〉

(1) ルウは、「たから物のしゃしん」を見て、どのように思いましたか。二つ書きぬきましょう。 12点（一つ6）

(2) ルウは、なぜ、ノノンと「いっしょにさがしてみる」ことにしたのですか。理由が分かる文の、はじめの五字を書きましょう。 10点

(3) 「さわやかなかおり」には、ルウのどんな気持ちがあらわれていますか。○をつけましょう。 10点

ア（　）花ばたけみたいなすてきなばしょに、また行きたい。

イ（　）つかれたので、ねどこでゆっくりしたい。

ウ（　）たから物のしゃしんを見ると、わくわくする。

ヒント **5**(2) 理由をあらわす「〜から。」という言葉があるよ。

もっと知りたい、友だちのこと
漢字の音と訓
漢字の広場②

◉もっと知りたい、友だちのこと／漢字の音と訓

1 次の――線の漢字の読みがなを書きましょう。　48点（一つ3）

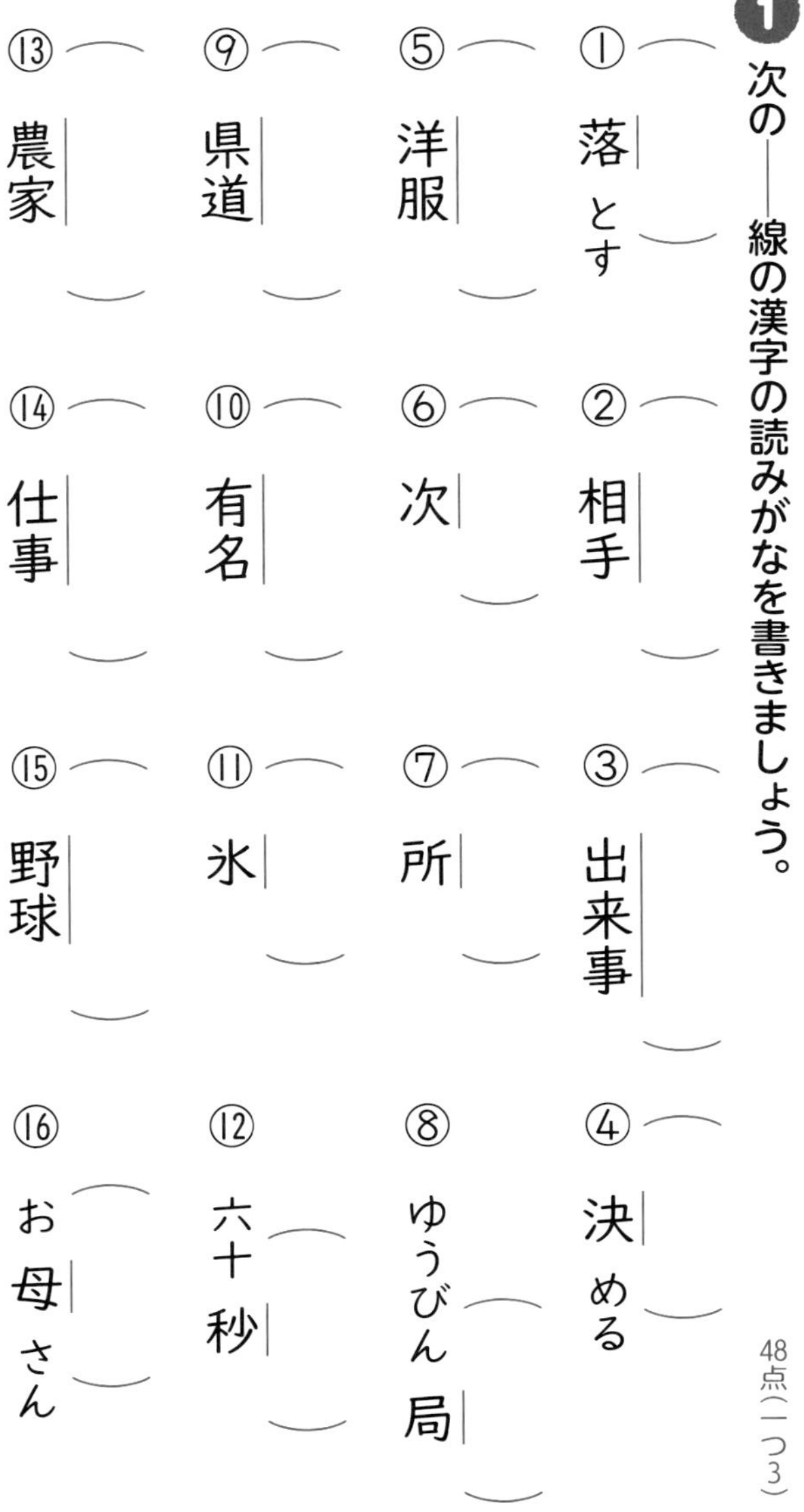

① 落とす（　　）
② 相手（　　）
③ 出来事（　　）
④ 決める（　　）
⑤ 洋服（　　）
⑥ 次（　　）
⑦ 所（　　）
⑧ ゆうびん局（　　）
⑨ 県道（　　）
⑩ 有名（　　）
⑪ 氷（　　）
⑫ 六十秒（　　）
⑬ 農家（　　）
⑭ 仕事（　　）
⑮ 野球（　　）
⑯ お母さん（　　）

◉漢字の音と訓

2 次の漢字の音と訓を、音はかたかな、訓はひらがなでそれぞれ書きましょう。　24点（一つ2）

① 国　音［　　］　訓［　　］
② 朝　音［　　］　訓［　　］
③ 球　音［　　］　訓［　　］
④ 葉　音［　　］　訓［　　］
⑤ 所　音［　　］　訓［　　］
⑥ 友　音［　　］　訓［　　］

◉漢字の広場②

3 ――線の言葉を、漢字を使って書きましょう。　6点（一つ2）

・ひかる　ゆみやをもってかえる。

［　　］［　　］［　　］

← うらのページにつづくよ！

教科書 上44～52ページ

❹ 次の発表(ぴょう)の文章と「しつもんしたいこと」を読んで、問題に答えましょう。

教上46ページ

わたしが大切にしているのは、家でかっているクマノミのプックンです。プックンは、オレンジ色に、白いおびのようなもようがある、きれいな魚です。見ていると、いつも明るい気持ちになります。とくに、えさを食べているところがかわいくて、大すきです。これからも大切にしたいです。

〈「もっと知りたい、友だちのこと」より〉

■しつもんしたいこと

ア・いつから、かっているのか。
イ・なぜ、かいはじめたのか。
ウ・どのようにえさを食べるのか。
エ・だれが名前をつけたのか。
オ・なぜ、その名前にしたのか。
㋐・どのくらいの大きさなのか。

(1) この発表を聞いて、しつもんをします。次のしつもんは、「しつもんしたいこと」にあるア～オのどれを使っていますか。記号を書きましょう。 6点(一つ2)

①(　　)どうして、プックンという名前にしたのですか。

②(　　)プックンは、いつからかいはじめたのですか。

③(　　)どうして、プックンをかいはじめたのですか。

(2) 「しつもんしたいこと」の㋐を使って、しつもんします。相手にどのようにたずねるとよいですか。しつもんのしかたを考えて書きましょう。 8点

〔　　　　　　　　　　〕

(3) 発表を聞いた人が、次のようにかんそうを言いました。この人がきょうみをもったぶぶんはどこですか。当てはまる文を発表の文章の中からさがして、――線をつけましょう。 8点

「発表を聞いて、プックンのえさの食べ方がかわいいということにきょうみをもちました。わたしも、プックンがえさを食べるところを見てみたいです。」

❹(3) かんそうを言った人は、プックンの何がかわいいときょうみをもったのかな。

まとめのドリル 8

もっと知りたい、友だちのこと
漢字の音と訓
漢字の広場②

時間 20分
合かく80点
／100

答え 85ページ

月　日

◉漢字の音と訓

1 次の漢字の音と訓を、音はかたかな、訓はひらがなでそれぞれ書きましょう。ないときは、×を書きましょう。 18点(一つ3)

① 心 音（　　）訓（　　）

② 詩 音（　　）訓（　　）

③ 原 音（　　）訓（　　）

2 漢字の音と訓がどちらも使われた文の、——線の漢字の読みがなを書きましょう。 12点(一つ3)

① 相（　　）手に分かりやすい言葉で相（　　）談する。

② 兄は、音楽（　　）を自分のへやで楽（　　）しんでいる。

◉漢字の広場②

3 ——線の言葉を、漢字を使って書きましょう。 9点(一つ3)

・まるいボールがいわにあたる。

◉もっと知りたい、友だちのこと

4 次の聞き方は、どんなことを知りたいときに使いますか。□からえらんで、記号を書きましょう。 12点(一つ4)

①（　　）いつ・どこで・だれが・何を

②（　　）どのように

③（　　）なぜ・どうして

ア　したことや考えたことなどの理由を知りたいとき。
イ　物事の様子や、方法を知りたいとき。
ウ　知らないことや、分からないことを知りたいとき。

教科書 上44〜52ページ

うらのページにつづくよ！

5 次の発表（ぴょう）やしつもんの文章を読んで、問題に答えましょう。

「きのう、下校のとちゅうで、田うえをしているのを見ました。小学校のプールのよこにある田んぼに水を入れて、バイクのようなきかいで、なえをうえていました。バイクがすすむと、きれいにならんだなえがうえられていて、びっくりしました。」

「バイクのようなきかいで、どんなふうにうえていましたか。」

「きかいの後ろになえをつんでいて、下に人間の手のようなぶひんがありました。その手がなえをつかんでうえていました。」

(1) ――線のしつもんは、どんなもくてきでたずねていますか。次からえらんで、○をつけましょう。 14点

ア（　）何を使うのかが分からないので知りたい。

イ（　）どのように使うのかが分からないので知りたい。

ウ（　）どうして使うのかが分からないので知りたい。

(2) 「田うえをしていた人数」についてたずねるときのしつもんのしかたを、考えて書きましょう。 15点

［　　　　　　　　］

6 次の絵の中で、二人の会話は食いちがっています。正しく相手につたわるように、――線の言葉を、直して書きましょう。 20点（一つ10）

① 「かわいかったね。」→（　　　　）

② 「わたしも、ほしいなあ。」→（　　　　）

ヒント **6** 何がかわいいかをつたえると、食いちがいがなくなるかな。

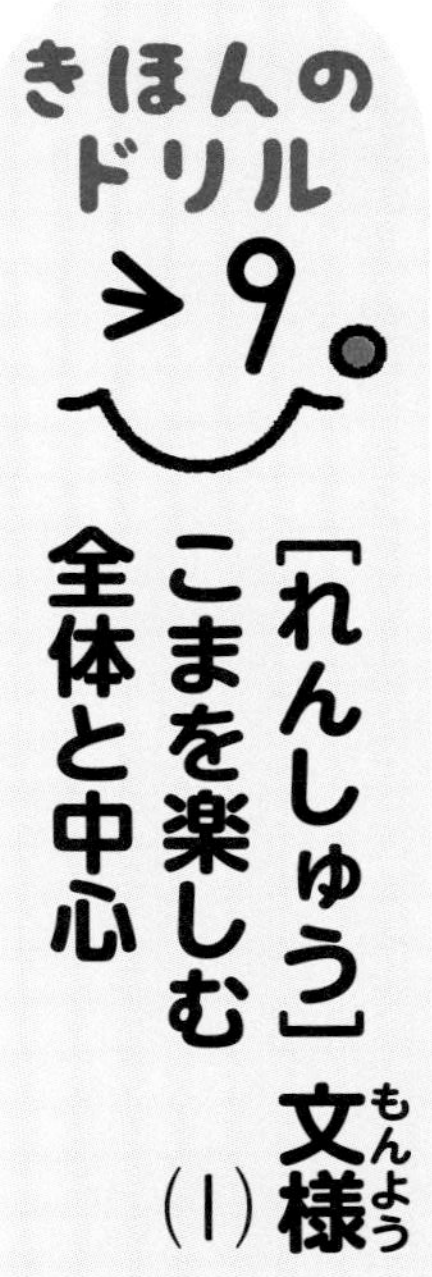

［れんしゅう］こまを楽しむ　文様（もんよう）（1）
全体と中心

◎［れんしゅう］文様／こまを楽しむ

1 次の――線の漢字の読みがなを書きましょう。　36点（一つ3）

①（　）遊び　②（　）全体　③（　）表す　④（　）世界

⑤（　）昔　⑥（　）横むき　⑦（　）指　⑧（　）鉄ぼう

⑨（　）安定　⑩（　）速さ　⑪（　）行う　⑫（　）上手

◎［れんしゅう］文様

2 次の――線の言葉の意味をえらんで、○をつけましょう。　10点（一つ5）

① 文様には願（ねが）いがこめられている。

ア（　）服やおさらなどについている絵や図がら。

イ（　）ほかのものと見分けるための記号。

ウ（　）古い時代からつかわれてきた文字。

② かめは万年生きるという言いつたえがある。

ア（　）新しく聞いたばかりの話。

イ（　）昔から語りつたえられてきた話。

ウ（　）昔、本当にあった出来事。

◎全体と中心

3 次の文章で、話の中心が書かれた文に――線をつけましょう。　10点

教 上 65ページ下8行～11行

　五月になりましたが、新しい学年には　なれましたか。同じ学年の友だちだけでなく、ほかの学年の友だちとも、楽しくすごせるといいですね。それでは、学校のみんなで楽しい学校生活にするには、どうしたらよいでしょうか。

〈「全体と中心」より〉

教科書 上 53～65ページ

うらのページにつづくよ！

4 次の文章を読んで、問題に答えましょう。

教上 56ページ1行〜57ページ8行

　こまを回して遊ぶことは、昔から世界中で行われてきました。長い間、広く親しまれるうちに、こまには、さまざまなくふうがつみかさねられてきました。そうして、たくさんのこまが生み出されてきました。日本は、世界でいちばんこまのしゅるいが多い国だといわれています。では、どんなこまがあるのでしょう。また、どんな楽しみ方ができるのでしょう。

　色がわりごまは、回っているときの色を楽しむこまです。こまの表面には、もようがえがかれています。ひねって回すと、もように使われている色がまざり合い、元の色とちがう色にかわるのがとくちょうです。同じこまでも、回す速さによって、見える色がかわってきます。

〈安藤正樹（あんどうまさき）「こまを楽しむ」より〉

(1) 「昔から世界中で行われて」きたのは、どのようなことですか。　7点

（　　　　）

(2) 日本は、こまの何が世界でいちばん多いのですか。　7点

（　　　　）

(3) 「色がわりごま」とありますが、これは、どんなこまのことですか。次から二つえらんで、○をつけましょう。　10点（一つ5）

ア（　）止まっているときの色を楽しむこま。

イ（　）回っているときの色を楽しむこま。

ウ（　）回すと元の色とちがって見えるこま。

エ（　）回しても、元の色がはっきり見えるこま。

(4) 同じこまでも、何によって、色がかわって見えるのですか。　10点

（　　　　）によって、色がかわって見える。

(5) 文章中で、「問い」に当たる二つの文に、——線をつけましょう。　10点（一つ5）

ヒント 4(5) 読み手に問いかけている文をさがそう。

きほんのドリル 10。

こまを楽しむ (2)
気持ちをこめて、「来てください」
漢字の広場③

時間 15分　合かく80点　/100

答え 86ページ　サクッとこたえあわせ

月　日

◎気持ちをこめて、「来てください」

1 次の――線の漢字の読みがなを書きましょう。　12点(一つ3)

① 運動会（　　）　② 予定（　　）　③ 送る（　　）　④ 住所（　　）

◎漢字の広場③

2 ――線の言葉を、漢字を使って書きましょう。　6点(一つ3)

・いもうとにんぎょうで遊ぶ。

◎こまを楽しむ

3 次の――線の言葉の意味をえらんで、○をつけましょう。　20点(一つ5)

① 世界中で親しまれる。
ア（　　）あいされ、身近にかんじられている。
イ（　　）こわがられて、さけられている。
ウ（　　）当たり前すぎて、つまらないと思われている。

② ちがう色にかわるのがとくちょうです。
ア（　　）ほかとにている点。
イ（　　）ほかとくらべて目立つ点。
ウ（　　）あまり目立たない点。

③ こまの中はくうどうになっている。
ア（　　）あちこちにあながあいていること。
イ（　　）中にものがつまっていること。
ウ（　　）中がからになっていること。

④ 安定したつくりになっている。
ア（　　）ぐらぐらして落ち着かないこと。
イ（　　）ちょうどよく落ち着いていること。
ウ（　　）よく考えられていること。

教科書 上56～70ページ

うらのページにつづくよ！

4 次の文章を読んで、問題に答えましょう。

教上 58ページ5行～59ページ5行

さか立ちごまは、とちゅうから回り方がかわり、その動きを楽しむこまです。このこまは、ボールのような丸いどうをしています。指で心ぼうをつまんで、いきおいよく回すと、はじめはふつうに回るのですが、回っていくうちに、だんだんかたむいていきます。そして、さいごは、さかさまにおき上がって回ります。

たたきごまは、たたいて回しつづけることを楽しむこまです。このこまのどうは、細長い形をしています。手やひもを使って回した後、どうの下のぶぶんをむちでたたいて、かいてんをくわえます。

〈安藤正樹「こまを楽しむ」より〉

(1) ①さいしょの段落と②二つ目の段落では、それぞれ何というこまについて書かれていますか。 12点(一つ6)

①（　　　　）
②（　　　　）

(2) (1)の①の段落のこまと、②の段落のこまのどうは、それぞれどんな形をしていますか。 20点(一つ10)

①（　　　　）形。
②（　　　　）形。

(3) さか立ちごまの動きが、正しい順番になるようにならべかえて、番号を書きましょう。 ぜんぶできて10点

ア（　）だんだんかたむいてくる。
イ（　）いきおいよく回すと、ふつうに回りはじめる。
ウ（　）さかさまにおき上がって回る。

「はじめは」「だんだん」「さいごは」に注目です。

(4) 「たたいて回しつづける」とありますが、どこを、何でたたくのですか。 20点(一つ10)

（　　　　）を（　　　　）でたたく。

ヒント 4(4) ――線の後のぶぶんをていねいに読もう。

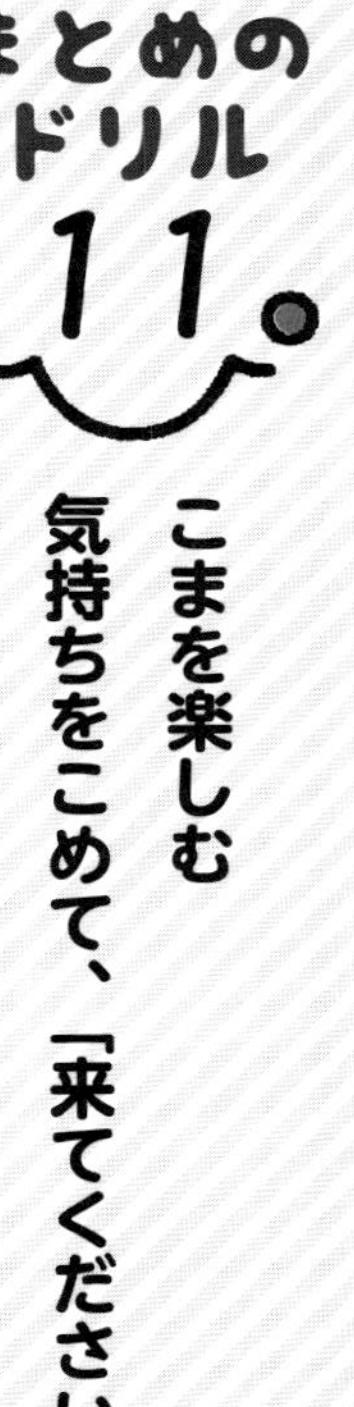

まとめのドリル 11 こまを楽しむ 気持ちをこめて、「来てください」

◉気持ちをこめて、「来てください」

1 あんないの手紙を書くときに気をつけることとして、正しいものに、○をつけましょう。 10点

ア（　）まちがいや分かりにくいところがあっても、気にしない。

イ（　）来てほしい気持ちは、とくに書かなくてもよい。

ウ（　）いつ、どこで、何をするかを正しく書く。

エ（　）ていねいな言葉なら、相手に合わせなくてよい。

2 次の手紙を読んで、問題に答えましょう。

教 上 68ページ上4行～15行

①
みどりがきれいなきせつになりました。高村先生、お元気ですか。わたしは元気です。

②
こんど、わたしが通う小学校で運動会がひらかれますので、ごあんないします。

日時　六月一日(土)

午前九時から午後三時

場所　ひかり小学校　運動場

わたしは、八十メートル走とダンス、つな引きに出ます。毎日、れんしゅうをして、ダンスがうまくなりました。ぜひ、見に来てください。

③
五月十三日

土川りえ

高村みちる先生

〈「気持ちをこめて、『来てください』」より〉

(1) この手紙の①～③には、どんなことが書かれていますか。後からえらんで、それぞれ記号を書きましょう。 24点(一つ8)

①（　）　②（　）　③（　）

ア　この手紙でつたえたいこと。

イ　はじめのあいさつや、相手の様子がどうかということ。

ウ　書いた日や、自分と相手の名前。

(2) この手紙でつたえたいのはどんなことですか。次からえらんで、○をつけましょう。 10点

ア（　）自分が元気だということ。

イ（　）みどりがきれいなきせつになったということ。

ウ（　）運動会を見に来てほしいということ。

エ（　）ダンスがうまくなったということ。

➡うらのページにつづくよ！

3 次の文章を読んで、問題に答えましょう。

教上 60ページ6行〜61ページ12行

ずぐりは、雪の上で回して楽しむこまです。ふつうのこまは、心ぼうが細いので、雪の上で回すことはできません。いっぽう、ずぐりは、雪の上で回して遊ぶことができるように、心ぼうの先が太く、丸く作られています。まず、雪に小さなくぼみを作り、わらでできたなわを使って、その中になげ入れて回します。雪がふってもこまを回したいという人々の思いから、ずぐりは長く親しまれてきました。

このように、日本には、さまざまなしゅるいのこまがあります。それぞれ色も形もちがいますが、じくを中心にバランスをとりながら回るというつくりは同じです。人々は、このつくりにくふうをくわえ、回る様子や回し方でさまざまな楽しみ方のできるこまをたくさん生み出してきたのです。

〈安藤正樹（あんどう まさき）「こまを楽しむ」より〉

(1) ずぐりを、「雪の上で回して遊ぶこと」ができるのはなぜですか。次からえらんで、○をつけましょう。 10点

ア（　）ぬれてもだいじょうぶなように作られているから。

イ（　）心ぼうの先が太く、丸く作られているから。

ウ（　）かるくて雪にしずまないように作られているから。

(2) 「その中」とは、何の中のことですか。 10点

（　　　　）

(3) 二つ目の段落（だんらく）にはどんなことが書かれていますか。次からえらんで、○をつけましょう。 10点

ア（　）これまでせつめいしたことをまとめている。

イ（　）読んでいる人に、問いかけている。

ウ（　）問いにたいして、答えている。

(4) 「さまざまなしゅるいのこま」とありますが、これらのこまで同じであるのは、何ですか。 10点

（　　　　）

(5) 「さまざまな楽しみ方」とありますが、こまの楽しみ方は何によってかわるのですか。四字と三字で書きぬきましょう。 16点（一つ8）

[ ][ ][ ][ ]　[ ][ ][ ]

ヒント 3(4) どんなつくりが同じであると書かれているかな。

きほんのドリル 12。 まいごのかぎ

1 次の――線の漢字の読みがなを書きましょう。　24点（一つ3）

①（　　）感じる　②（　　）絵の具　③（　　）坂　④（　　）向かう

⑤（　　）悲鳴　⑥（　　）海岸　⑦（　　）路線　⑧（　　）拾い上げる

2 次の――線の言葉の意味をえらんで、○をつけましょう。　12点（一つ4）

① きのうの出来事を思い出してうつむく。

ア（　）首を横にかたむける。

イ（　）顔を上げて上を向く。

ウ（　）頭をたれて下を向く。

② 父に後ろからしのびよる。

ア（　）気づかれないように近づく。

イ（　）一気においぬく。

ウ（　）気づいてもらえるように声をかける。

③ とちゅうで帰るのがうらめしい。

ア（　）ねがいがかなってうれしい。

イ（　）ざんねんでたまらない。

ウ（　）とてつもなくこわい。

後ろからしのびよられたら、びっくりするよ。

3 「まいごのかぎ」で「りいこ」が通った場所を順（じゅん）にえらんで、記号を書きましょう。　ぜんぶできて14点

ガードレールの下→（　　）→（　　）→（　　）→（　　）

ア　よく遊ぶ公園	イ　魚の開きがならぶ道
ウ　交番近くのバスてい	エ　大きなさくらの木

教科書 上71～90ページ

うらのページにつづくよ！

4 次の文章を読んで、問題に答えましょう。

教上 73ページ1行〜74ページ6行

三時間目の図工の時間に、みんなで学校のまわりの絵をかきました。りいこは、おとうふみたいなこうしゃが、なんだかさびしかったので、その手前にかわいいうさぎをつけ足しました。そしたら、友だちが、くすくすわらったのです。りいこは、はずかしくなって、あわてて白い絵の具をぬって、うさぎをけしました。そのとき、りいこの頭の中にたしかにいたはずのうさぎまで、どこにもいなくなった気がしたのです。うさぎにわるいことをしたなあ。思い出しているうちに、りいこは、どんどんうつむいていって、さいごは赤いランドセルだけが、歩いているように見えました。

ふと目に入ったガードレールの下のあたりに、かたむきかけた光がさしこんでいます。もじゃもじゃしたヤブガラシの中で、何かが、ちらっと光りました。

「なんだろう。」

りいこが拾い上げると、それは、夏の日ざしをすいこんだような、こがね色のかぎでした。家のかぎよりは大きくて、手に持つほうが、しっぽみたいにくるんとまいています。

「落とし物かな。」

そう、小さく、声に出しました。

〈斉藤倫（さいとう りん）「まいごのかぎ」より〉

(1) 「なんだかさびしかった」と思ったりいこは、何をしましたか。 10点

かいたこうしゃの絵の手前に、（　　　　）をつけ足した。

(2) 「うさぎにわるいことをしたなあ。」とありますが、なぜですか。次からえらんで、○をつけましょう。 10点

ア（　）友だちにうさぎをわらわれたから。

イ（　）いないはずのうさぎをかいたから。

ウ（　）かいたうさぎをけしてしまったから。

(3) 「こがね色のかぎ」は、どこにありましたか。 10点

□□□□□の中。

(4) 「こがね色のかぎ」は、どんなでしたか。 10点（一つ5）

●家のかぎより（　　　　）。

●手に持つほうが、くるんと（　　　　）。

(5) 「こがね色のかぎ」を、りいこはなんと思いましたか。文章中から書きぬきましょう。 10点

（　　　　）

ヒント 4 (5) りいこは、かぎをどんな物だと思ったのかな。

きほんのドリル 13。 俳句(はいく)を楽しもう

1 次の――線の漢字の読みがなを書きましょう。 40点(一つ5)

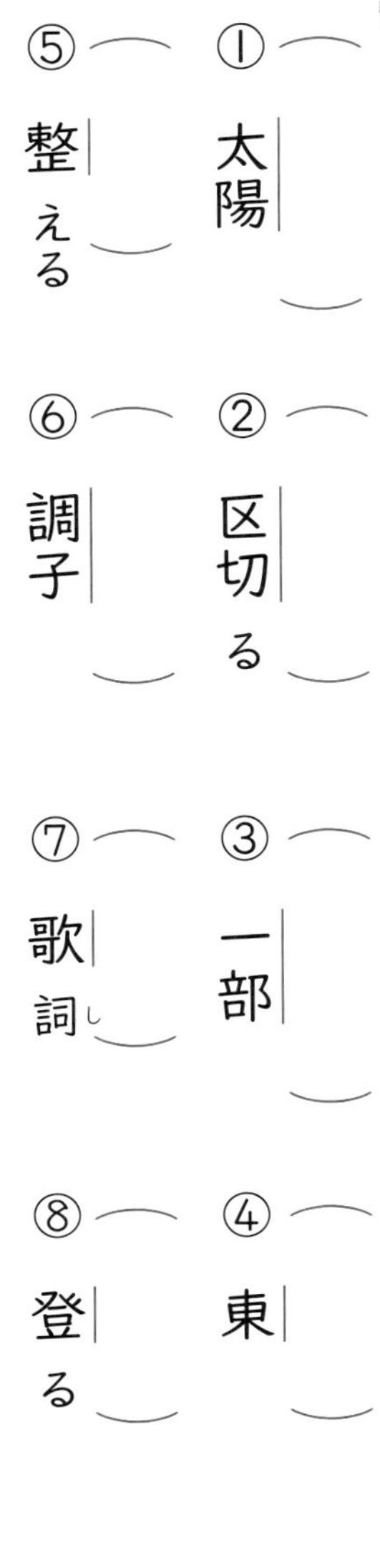

① 太陽（　）　② 区切る（　）　③ 一部（　）　④ 東（　）

⑤ 整える（　）　⑥ 調子（　）　⑦ 歌詞（　）　⑧ 登る（　）

●俳句→五・七・五の十七音(おん)からできた、きせつを表す言葉の入った詩。

2 次の俳句をひらがなに直して、五・七・五の三つの部分に分けて書きましょう。 45点(一つ5)

① 閑(しず)かさや岩にしみ入る蟬(せみ)の声　（松尾芭蕉(まつおばしょう)）

五音（　）　七音（　）　五音（　）

② 菜(な)の花や月は東に日は西に　（与謝蕪村(よさぶそん)）

五音（　）　七音（　）　五音（　）

③ 雪とけて村いっぱい(いっぱい)の子どもかな　（小林一茶(こばやしいっさ)）

五音（　）　七音（　）　五音（　）

3 次の歌詞の五音の部分には――線を、七音の部分には～～線をつけましょう。 ぜんぶできて15点

教 上 93ページ下6行～7行

あたまを雲の　上に出し

四方の山を　見おろして

「ふじ山」（作詞 巌谷(いわや)小波(さざなみ)）の一部

教科書 上 91～93ページ

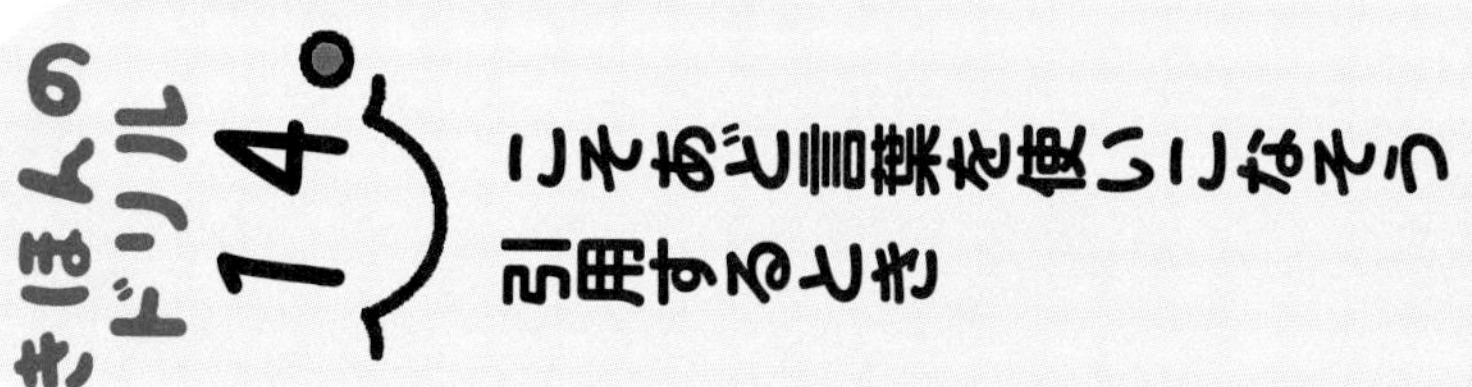

きほんのドリル 14。
こそあど言葉を使いこなそう
引用するとき

◉こそあど言葉を使いこなそう

1 次の——線の漢字の読みがなを書きましょう。 36点（一つ9）

①（　　）泳ぐ　②（　　）助言　③（　　）童話　④（　　）練習

2 次のやりとりで、（　）に当てはまる言葉を［　］からえらんで、書きましょう。 40点（一つ10）

① あなたのかばんはかわいいですね。わたしも、（　　）とよくにた色のかばんを持っています。　［こちら・それ］

② 次の日曜日は、（　　）に行きますか。　［どれ・どこ］

③ 「あなたの持っている本は、何という題名ですか。」
「（　　）本の題名は、『ガリバー旅行記』です。」　［あの・この］

④ 学校の向こうに、大きなたてものが見えているでしょう。
（　　）は、新しくできたえきです。　［あれ・ここ］

◉引用するとき

3 文章を引用するときの決まりとして、正しいものには○、まちがっているものには×をつけましょう。 24点（一つ8）

①（　）引用したところは、かぎ（「　」）をつけるなどして、引用したことが分かるようにする。

②（　）引用したところは、元の文章と言葉が同じであれば、ひらがなをかたかなにかえてもよい。

③（　）書いた人、本などの題名、出版（ぱん）社（発行所）名や発行年、書かれていたページなど、引用したものの出典（てん）をしめすようにする。

仕事のくふう、見つけたよ
きせつの言葉２　夏のくらし

時間 15分　合かく80点　／100
答え 87ページ　サクッとこたえあわせ
月　日

◉仕事のくふう、見つけたよ

1 次の――線の漢字の読みがなを書きましょう。　36点（一つ3）

①（　）食品　②（　）商品　③（　）銀行　④（　）二日
⑤（　）今年　⑥（　）毛筆　⑦（　）去年　⑧（　）お客様
⑨（　）入学式　⑩（　）句読点　⑪（　）大人　⑫（　）二倍

2 ――線の符号の名前を、□からえらんで、記号を書きましょう。　15点（一つ3）

①（　）②（　）
お母さんに、にんじん・たまねぎ・キャベツの買い物をたのまれた。

③（　）
「えー、でも、今ちょうど、宿題を――。」
④（　）
⑤（　）
と言いかけたが、お母さんがいそがしそうだったので行くことにした。

ア 句点　イ 読点　ウ 中点　エ ダッシュ　オ かぎ

◉きせつの言葉２　夏のくらし

3 （　）に当てはまる言葉を□からえらんで、記号を書きましょう。　12点（一つ3）

きのうの夜は、つめたくてあまい（　）を食べながら、家から見える（　）をながめていました。あつかったので、（　）であおいでいましたが、時おりすずしい風がふき、（　）の音が鳴っていました。

ア うち上げ花火　イ ふうりん
ウ みつまめ　エ うちわ

教科書 上98～105ページ

うらのページにつづくよ！

4 次は、土川さんが書いた、ほうこくする文章「スーパーマーケットの商品のならべ方のくふう」の一部です。読んで、問題に答えましょう。

教上 101ページ13行～26行

中

「スーパーマーケットの仕事」という本に、「商品は、ちらしでせんでんする」と書いてあったので、まず、そのことについて木村さんに話をうかがいました。

[1] ひかりスーパーでは、ちらしでせんでんした商品の前に、「おすすめ品」と書いたふだを立てて売っているそうです。木村さんは、「おすすめ品は、お客様がよく通る場所に、できるだけ広くおくようにして目立たせます。」とおっしゃっていました。

[2]

おわり

4．まとめ

スーパーマーケットで何気なく見ていたなにも、一つ一つくふうがあることを知りました。とくに、おすすめ品を目立たせるために、商品をおく場所や広さを考えていることに、おどろきました。こんど、スーパーマーケットに行くときは、お店の人のくふうをさがしながら買い物をしたいと思います。

〈「仕事のくふう、見つけたよ」より〉

(1) この文章の「中」に書かれていることは、次の何に当たりますか。○をつけましょう。 10点

ア（　　）調べて分かったこと

イ（　　）調べたきっかけや理由

ウ（　　）調べ方

(2) 土川さんが「考えたこと」が書かれているのは、どの部分ですか。○をつけましょう。 10点

ア（　　）「中」の[1]段落（だんらく）

イ（　　）「中」の[2]段落

ウ（　　）「おわり」

(3) 文章の中で、人の会話を引用しているところはどこですか。はじめとおわりの五字を書きましょう。（符号（ふごう）も一字とする。） りょうほうできて7点

□□□□□ ～ □□□□□

(4) 土川さんがおどろいたお店の人のくふうは、どんなことですか。 10点

おすすめ品が目立つよう、

［　　　　　　　　　　］

ヒント 4(3) 人が言った言葉には、何がついているかな。

まとめのドリル 16

まいごのかぎ
こそあど言葉を使いこなそう
仕事のくふう、見つけたよ

◉こそあど言葉を使いこなそう

1 ――線のこそあど言葉は何をさしていますか。文章の中から書きぬきましょう。 24点(一つ8)

① きのう、わたしは公園に行きました。そこで、みかさんに会いました。

（　　　　）

② ついさっき、テレビに、まっ白な大きな犬がうつっていたでしょう。あれは、うちでかっている犬のお母さんなのです。

（　　　　）

③ わたしは、オレンジジュースよりもアップルジュースの方がすきです。そちらの方が、すっぱくないからです。

（　　　　）

◉仕事のくふう、見つけたよ

2 次の文章を読んで、問題に答えましょう。

ある日、姉が、この本を読むといいよと言って、二さつの本をかしてくれました。わたしは、そのうちのナイチンゲールの一生という本を読みました。読んだ後、読んでよかったなあと思いました。

(1) 「　」をつけることのできるところ三か所に、「　」をつけましょう。 9点(一つ3)

(2) この文章を横書きにするとき、読点として使うことができる符号を次の中からえらんで、○をつけましょう。 7点

ア（　）句点(。)　イ（　）中点(・)　ウ（　）コンマ(，)

(3) この文章を横書きにするとき、①「二さつ」、②「一生」は、それぞれどのように書きますか。横書きで書きましょう。 10点(一つ5)

①（　　　　）　②（　　　　）

うらのページにつづくよ！

教科書 上71〜103ページ

3 次の文章を読んで、問題に答えましょう。

教上 77ページ9行〜79ページ7行

さらに下っていくと、公園があります。よく遊んでいる場所ですが、今日は、通りぬけるだけ。そのほうが、海べへの近道なのです。ところが、緑色のベンチの手すりに、小さなあなが空いているのです。

「なんだか、あれもかぎあなに見えるんだけど、そんなはずないよね。」

りいこは、だれにともなくつぶやいて、通りすぎようとします。けれど、ふと立ち止まってしまいました。

「でも、もしかして――。」

カチンとかぎを回す音が、あたりにひびきました。ベンチは、四本のあしをぐいとのばし、大きな犬のように、せなかをそらしました。

「わあ。」

りいこは、ひっくりかえりそうになりました。日かげにいたベンチは、のそのそと歩きだすと、公園のまん中の日だまりにねそべり、そのままねいきを立て始めました。りいこは、びっくりして見ていましたが、しのびよると、かぎをぬきとりました。ベンチは体をふるわせ、りいこの方を、なんだかうらめしそうにふりかえってから、元いた所に帰っていきました。

〈斉藤倫「まいごのかぎ」より〉

(1) 「あれ」とは、何のことですか。 10点

（　　　　）にある、小さなあな。

(2) 「もしかして――。」の「――」には、どんな言葉が入りますか。考えて書きましょう。 10点

（　　　　）

(3) 「かぎを回す」と、ベンチは何をしましたか。 20点（一つ10）

●あしをのばし、大きな犬のように（　　　　）。

●日だまりにねそべり、（　　　　）。

(4) りいこが「かぎをぬきと」ったとき、ベンチはどんな気持ちでしたか。次からえらんで、○をつけましょう。 10点

ア（　）もっとねていたかった。
イ（　）ぬいてくれてよかった。
ウ（　）びっくりした。

ヒント 3(4) ベンチは、うらめしそうにふりかえって帰っていったね。

きほんのドリル 17。

本で知ったことをクイズにしよう／鳥になったきょうりゅうの話

時間 15分　合かく80点　／100

答え 88ページ

月　日

◉本で知ったことをクイズにしよう／鳥になったきょうりゅうの話

1 次の――線の漢字の読みがなを書きましょう。　21点（一つ3）

①（　　）植物　②（　　）集める　③（　　）新たな　④（　　）化石

⑤（　　）死にたえる　⑥（　　）都合　⑦（　　）地面

◉鳥になったきょうりゅうの話

2 次の――線の言葉の意味を［　］からえらんで、（　）に記号を書きましょう。　16点（一つ4）

①（　　）きょうりゅうの化石をはっくつする。

②（　　）かたいうろこがある動物。

③（　　）木の上で生活した動物のしそんが鳥です。

④（　　）足あとを手がかりにして、動物のけんきゅうをする。

ア　子どもやまごなど、一つの血（ち）のつながりをうけつぐもの。

イ　魚やは虫るいなどにある、体の表面をおおってまもる、小さなうすいもの。

ウ　大昔の生物や生物の生活のあとが、地中にのこされたもの。

エ　何かをはじめるきっかけになるもの。

3 次の――線の言葉と使い方が同じほうをえらんで、○をつけましょう。　8点（一つ4）

① 動物の体が小さければ、食べ物が少なくてすむ。

ア（　）ひっこしをして、今日から新しい家にすむ。

イ（　）このくらいのきずならば、ばんそうこうをはるだけですむ。

② 鳥は、きょうりゅうよりずっと小さい体をしている。

ア（　）五さい上の兄は、ぼくよりずっとせが高い。

イ（　）友だちが来ないので、公園でずっとまっていた。

うらのページにつづくよ！

教科書 上106～117ページ

◉本で知ったことをクイズにしよう

4 図鑑（かん）について正しいものを二つえらんで、○をつけましょう。　ぜんぶできて5点

ア（　）絵やしゃしん、図などを使って物事をせつめいした本。

イ（　）一つの物事について、くわしくせつめいしている本。

ウ（　）言葉の意味や言葉の使い方などをせつめいしている本。

エ（　）一さつで、いろいろな科目やあらゆる学問のことをせつめいした本。

オ（　）植物や動物など、一さつに同じなかまのものを集めてしょうかいした本。

◉鳥になったきょうりゅうの話

5 次の文章を読んで、問題に答えましょう。

教上 111ページ1行～112ページ13行

あなたは、きょうりゅうの化石を見たことがありますか。

はくぶつ館などにあるきょうりゅうのほねの化石を見ると、わたしたちは、その大きさにびっくりさせられます。こんなに大きな生き物たちが、本当にいたのです。

きょうりゅうがすんでいたのは、ずうっとずうっと大昔のことです。そのころの地球はとてもあたたかくて、きょうりゅうたちにとってはくらしやすい所だったのです。

きょうりゅうには、植物を食べるものや、ほかのきょうりゅうをおそって食べる肉食のものなど、いろいろなしゅるいがいました。見た目もさまざまで、体がかたいうろこにおおわれているものもいれば、ふさふさとした羽毛（う）が生えているもの、そのりょうほうをもつものもいました。

〈大島（おおしま） 英太郎（えいたろう）「鳥になったきょうりゅうの話」より〉

(1) 文章の中で、「問い」に当たる文に——線をつけましょう。　10点

(2) 「ほねの化石」の、何におどろかされると書いてありますか。　10点

（　　　　）

(3) 地球が、きょうりゅうたちが「くらしやすい所」だったのは、なぜですか。　10点

（　　　　）

(4) きょうりゅうは何を食べていましたか。二つ書きぬきましょう。　10点（一つ5）

（　　　　）

（　　　　）

(5) 「りょうほう」とは、何と何ですか。二つ書きぬきましょう。　10点（一つ5）

（　　　　）

（　　　　）

ヒント 5(5)「そのりょうほう」の前に書いてあるよ。

まとめのドリル 18

本で知ったことをクイズにしよう
鳥になったきょうりゅうの話

時間 20分　合かく80点　／100

答え 88ページ

月　日

◉本で知ったことをクイズにしよう

1 次の図鑑にある目次とさくいんの一部を読んで、問題に答えましょう。

目次

ア	この本の使い方	4
イ	鳥のなかま分け	8
ウ	鳥ときょうりゅうのひみつ	20
エ	鳥のくらし	36
	世界の鳥	50
	日本の鳥	84
オ	ぜつめつした鳥	162
	さくいん	180

さくいん

【ハ】

バードウォッチング	39
ハクチョウ	120
ハシビロコウ	73
ハチドリ科	54
ハト科	99
ハヤブサ	87
はんしょく	42

(1) 次のせつめいは、「目次」と「さくいん」のどちらですか。「目次」の場合は○を、「さくいん」の場合は△を（　）に書きましょう。 10点(一つ5)

① （　）本の中に出てくる言葉や物事をぬき出して、五十音順に整理し、どのページにあるかをしめしている。

② （　）書かれている順に見出しをならべ、はじまるページをしめしている。

(2) 次のことを知りたい場合、「目次」のどこを見ればよいですか。（　）にア〜オの記号を書きましょう。 20点(一つ10)

① （　）鳥がきょうりゅうのしそんだったことを知りたい。

② （　）今は見ることができなくなった鳥を知りたい。

(3) 次のことを調べたい場合、図鑑の何ページを見ればよいですか。□に数字を書きましょう。 10点(一つ5)

① ハヤブサについて調べたい。…□ページ

② ハトとそのなかまを調べたい。…□ページ

うらのページにつづくよ！

教科書 上106〜117ページ

2 次の文章を読んで、問題に答えましょう。

教 上 115ページ10行～116ページ下7行

①　鳥ときょうりゅうとでは、ずいぶんちがっているように見えますね。でも、ほねやあしのつき方など体のつくりをよく調べてみると、とてもにているのです。

②　大きさはどうでしょう。ほとんどの鳥は、きょうりゅうよりずっと小さな体をしています。なぜ、鳥たちは、このように小さくなったのでしょう。

③　それは、空をとぶには、小さくてかるい体のほうが都合がいいからです。また、小さければ食べ物も少なくてすみます。小さくなった鳥は、花のみつや草のたねなど、ほんの少しのえさを食べて生きていけるようになったのです。

④　ところで、鳥の中には、とてもうつくしい羽毛(う)をもつものもいます。昔のきょうりゅうがどんな色をしていたのかは、長い間、そうぞうするしかありませんでした。しかし、手がかりがのこった羽毛の化石が見つかり、少しずつきょうりゅうの色が分かってきています。もしかしたら、おしどりのように色あざやかなきょうりゅうもいたかもしれませんね。

〈大島(おおしま) 英太郎(えいたろう)「鳥になったきょうりゅうの話」より〉

(1) 文章の中で、「問い」に当たる文に――線をつけましょう。 10点

(2) 「とてもにている」とありますが、何と何がにているのですか。 10点

(　　　　)

(3) 鳥の体が、きょうりゅうより小さくなった理由を、二つ書きましょう。 20点(一つ10)

(　　　　)

(　　　　)

(4) 「羽毛の化石」から、何が分かってきたのですか。 10点

(　　　　)が分かってきた。

(5) ①～④段落(だん)のうち、「問いにたいする答え」が書かれているのはどの段落ですか。番号で書きましょう。 10点

□

ヒント 2(4) それまでそうぞうするしかできなかったのは、どんなことかな。

夏休みのホームテスト 19. 四月から七月に習った漢字と言葉

1 次の――線の漢字の読みがなを書きましょう。 24点（一つ1）

①（　）六月一日
②（　）調子
③（　）近所
④（　）二人
⑤（　）中心
⑥（　）早朝
⑦（　）発見
⑧（　）金具
⑨（　）通う
⑩（　）葉っぱ
⑪（　）歩道
⑫（　）引用
⑬（　）晴天
⑭（　）同時
⑮（　）直線
⑯（　）整理
⑰（　）区切る
⑱（　）練習
⑲（　）全体
⑳（　）去年
㉑（　）円い
㉒（　）お母さん
㉓（　）羽ばたく
㉔（　）入学式

2 □に合う漢字を書きましょう。 30点（一つ2）

① 魚の□(ひら)き。
② □(ふか)い海。
③ □(も)ち上げる。
④ □(むかし)のくらし。
⑤ ゆうびん□(きょく)
⑥ □(みどり)色
⑦ 六十□(びょう)
⑧ ごみを□(ひろ)う。
⑨ 反(はん)□(たい)する。
⑩ 山に□(む)かう。
⑪ 上り□(ざか)
⑫ □(かな)しい話。
⑬ □(もう)しこむ
⑭ □(きゃく)が入る。
⑮ □(こおり)がとける。

← うらのページにつづくよ！

3 次の言葉は、国語辞典では、どんな順で出ていますか。順番を表すように、番号を書きましょう。

20点（それぞれぜんぶできて一つ4）

① ア（　）はる　イ（　）なつ　ウ（　）あき　エ（　）ふゆ

② ア（　）あかい　イ（　）あおい　ウ（　）くろい　エ（　）くらい

③ ア（　）ホール　イ（　）ボール　ウ（　）ポール　エ（　）ほうる

④ ア（　）かく　イ（　）がく　ウ（　）かぐ

⑤ ア（　）マーチ　イ（　）マッチ　ウ（　）まち

4 次の文に、〔　〕にしめした符号をつけましょう。

6点（それぞれぜんぶできて一つ2）

① 日本はまわりを海にかこまれた国です

〔。（句点）一つ〕

② 動物園でさるきりんぞうなどを見た。

〔、（読点）二つ〕

③ 弟は犬のことをわんわんと言います。

〔「　」（かぎ）〕

5 次の漢字の音と訓を、（　）の言葉を手がかりにして、ひらがなで書きましょう。

20点（一つ2）

① 遊（遊園地・遊び）

音（　　　）

訓（　　　び）

② 筆（毛筆・小筆）

音（　　　）

訓（　　　）

③ 落（落葉・落ち葉・落とし物）

音（　　　）

訓（　　　ち）

訓（　　　とし）

④ 酒（日本酒・お酒・酒屋）

音（　　　）

訓（　　　）

訓（　　　）

きほんのドリル 20。

わたしと小鳥とすずと／夕日がせなかをおしてくる

時間 15分　合かく80点　／100

答え 89ページ

月　日

◉わたしと小鳥とすずと／夕日がせなかをおしてくる

1 次の――線の漢字の読みがなを書きましょう。　8点（一つ4）

① 両手を広げる。（　　）

② しあいに負ける。（　　）

◉わたしと小鳥とすずと

2 次の詩を読んで、問題に答えましょう。

教 上118～119ページ

わたしと小鳥とすずと

金子（かねこ） みすゞ（ず）

わたしが両手をひろげても、
お空はちっともとべないが、
とべる小鳥はわたしのように、
地面（じべた）をはやくは走れない。

わたしがからだをゆすっても、
きれいな音はでないけど、
あの鳴るすずはわたしのように
たくさんなうたは知らないよ。

すずと、小鳥と、それからわたし、
みんなちがって、みんないい。

(1) 「わたし」と小鳥をくらべて、それぞれ何ができると言っていますか。　16点（一つ8）

① 小鳥は（　　）

② 「わたし」は（　　）

(2) 「わたし」とすずをくらべて、それぞれ何ができると言っていますか。　16点（一つ8）

① すずは（　　）

② 「わたし」は（　　）

(3) 作者（しゃ）が言いたいことがまとまって表されているのは、何連（れん）目ですか。漢字で答えましょう。　10点

□ 連目

←うらのページにつづくよ！

教科書 上118～121ページ

3 次の詩を読んで、問題に答えましょう。

教上120〜121ページ

夕日がせなかをおしてくる

阪田(さかた) 寛夫(ひろお)

夕日がせなかをおしてくる
まっかなうででおしてくる
歩くぼくらのうしろから
でっかい声でよびかける
さよなら　さよなら
さよなら　きみたち
ばんごはんがまってるぞ
あしたの朝ねすごすな　①

夕日がせなかをおしてくる
そんなにおすなあわてるな
ぐるりふりむき太陽に
ぼくらも負けずどなるんだ
さよなら　さよなら
さよなら　太陽
ばんごはんがまってるぞ
あしたの朝ねすごすな　②

(1) 「まっかなうで」とは何のことですか。□に当てはまる言葉を、詩の中から書きぬきましょう。　10点

□の光

(2) ①と②は、それぞれ、だれが、だれによびかけていますか。合うほうの言葉を○でかこみましょう。　20点(一つ5)

①…（夕日・ぼくら）が
（夕日・ぼくら）に
よびかけている。

②…（夕日・ぼくら）が
（夕日・ぼくら）に
よびかけている。

(3) 「さよなら　さよなら」は、どのような声でよびかけていますか。次からえらんで、○をつけましょう。　10点

ア（　）元気で大きな声。
イ（　）さびしくて小さな声。
ウ（　）びっくりしてあわてた声。

(4) この詩の表現(げん)に当てはまらないものはどれですか。一つに○をつけましょう。　10点

ア（　）気持ちを表す言葉を使っている。
イ（　）言葉をくり返して使っている。
ウ（　）人でないものを人のように言い表している。

ヒント
3(3) 負けずにどなってよびかけているんだね。

きほんのドリル 21。

こんな係がクラスにほしい／ポスターを読もう
書くことを考えるときは
漢字の組み立て／ローマ字

時間 15分　合かく80点　／100

答え 89ページ

月　日

◎こんな係がクラスにほしい／ポスターを読もう／書くことを考えるときは／漢字の組み立て／ローマ字

1 次の――線の漢字の読みがなを書きましょう。　48点（一つ3）

① 係（　）　② 全員（　）　③ 祭り（　）　④ 鉄板（　）

⑤ 電柱（　）　⑥ 農作業（　）　⑦ 開港（　）　⑧ 油田（　）

⑨ 目薬（　）　⑩ 草笛（　）　⑪ 注意（　）　⑫ 悪者（　）

⑬ 勝負（　）　⑭ 車庫（　）　⑮ 勉強（　）　⑯ 放送（　）

◎書くことを考えるときは

2 図を使って書くことを考えるとき、どうすればよいですか。（　）に当てはまる言葉を［　］からえらんで、記号を書きましょう。　6点（一つ2）

(1) 図のまん中に（　）を書き、線でつなぎながら、（　）を書く。

(2) 書き出したことの中から、いちばん（　）をえらぶ。

ア 思いついたこと　イ つたえたいこと　ウ テーマ

◎漢字の組み立て

3 漢字の次の部分を何と言いますか。［　］からえらんで、記号を書きましょう。　6点（一つ2）

(1) 漢字の左がわにあって、おおまかな意味を表す部分。（　）

(2) 漢字の右がわにおかれ、おおまかな意味を表すこともある。（　）

(3) 漢字の上の方にあって、おおまかな意味を表す部分。（　）

ア かんむり　イ つくり　ウ へん　エ あし

うらのページにつづくよ！

教科書 上122～138ページ

◉ポスターを読もう

4 お祭りのポスターを作るとき、どんなふうに作ればよいですか。正しくないものに○をつけましょう。 4点

ア（　）はじめて来る人にも分かるよう、地図は大きく書く。

イ（　）お祭りの見どころを、くわしく書く。

ウ（　）見やすいように、字の大きさをかえて書く。

エ（　）キャッチコピーなどで、引きつけるくふうをする。

◉ローマ字

5 次の(1)～(4)のローマ字の決まりに気をつけて、ローマ字はひらがなに、ひらがなはローマ字に直しましょう。 36点（一つ3）

(1)

「きゃ」「きゅ」「きょ」などの音は、「kya」「kyu」「kyo」のように、３字で書き表す。

① densya（　　　）

② tyawan（　　　）

③ きんぎょ

(2)

のばす音は、「おかあさん」→「okâsan」のように、ふつう、a・i・u・e・oの上に「^」をつけて書き表す。

① otôsan（　　　）

② onêsan（　　　）

③ おにいさん

(3)

つまる音は、「きっぷ」→「kippu」のように、次に来る音のはじめの文字をかさねて書き表す。

① kitte（　　　）

② batta（　　　）

③ あさって

(4)

はねる音「ん(n)」の次に、a・i・u・e・oやyが来るときは、「n」の後に「’」をつける。

① zen’in（　　　）

② kon’ya（　　　）

③ はんい

ヒント

5(4) a・i・u・e・oのほかに、yにも気をつけよう。

まとめのドリル 22. 漢字の組み立て ローマ字

◉漢字の組み立て

1 次の漢字の部首名を［　］からえらんで、記号を書きましょう。　16点（一つ4）

① 言（　　）　② 木（　　）
③ 氵（　　）　④ 亻（　　）

ア さんずい
イ ごんべん
ウ にんべん
エ きへん

「部首」は、「へん」「つくり」「かんむり」「あし」「にょう」「たれ」「かまえ」の部分のことです。

2 次の漢字のへん・つくりは、その漢字が何に関係があることを表しますか。［　］からえらんで、記号を書きましょう。　9点（一つ3）

① 港（　　）　② 語（　　）　③ 顔（　　）

ア 人　イ 頭部　ウ 水　エ 言葉

3 次の漢字の部首名を［　］からえらんで、記号を書きましょう。　12点（一つ4）

① 雲（　　）　② 悪（　　）　③ 買（　　）

ア かい　イ あめかんむり
ウ こころ　エ うかんむり

4 次の漢字の部首名を［　］からえらんで、記号を書きましょう。　12点（一つ4）

① 園（　　）　② 庫（　　）　③ 遠（　　）

ア まだれ　イ もんがまえ
ウ しんにょう　エ くにがまえ

3は「かんむり」「あし」の部分、**4**は「にょう」「たれ」「かまえ」の部分だね。

← うらのページにつづくよ！

教科書 上 130～138ページ

5 次のローマ字をひらがなにしましょう。 15点(一つ3)

① ame (　　)

② kaki (　　)

③ saru (　　)

④ tane (　　)

⑤ nori (　　)

6 次の(1)・(2)のローマ字の決まりに気をつけて、ローマ字はひらがなに、ひらがなはローマ字に直しましょう。(2)の③・④は、べつの書き方のローマ字を書きましょう。 36点(一つ4)

(1) 地名や人名は、ふつう、はじめの文字を大文字で書く。地名などは、全部を大文字で書くこともある。言葉をつなぐしるしとして、「-」をつけることもある。

① TÔKYÔ (　　)

② Kôbe-si (　　)

③ Inoue Kazuko (　　)

④ 青森(あおもり)

⑤ 群馬(ぐんま)

(2) 「し」や「ち」のように、書き方が二つあるものがある。

① sima[shima] (　　)

② mati[machi] (　　)

③ つる turu

④ ふね hune

ヒント 6 ローマ字では、「ち」の書き方が二つあるよ。

きほんのドリル 23

ちいちゃんのかげおくり (1)

時間15分　合かく80点　／100

答え 90ページ　サクッとこたえあわせ

月　日

1 次の——線の漢字の読みがなを書きましょう。 24点(一つ2)

① 感想(　　)　② 列車(　　)　③ 写真(　　)　④ 血(　　)

⑤ 暑(　　)い　⑥ 寒(　　)い　⑦ 橋(　　)　⑧ 明(　　)らか

⑨ 軽(　　)い　⑩ 命(　　)　⑪ 第一(　　)場面　⑫ 暗(　　)い

2 ——線の言葉の意味をえらんで、○をつけましょう。 24点(一つ6)

① 空を見上げて、つぶやく。

ア(　)小さな声でひとりごとを言う。

イ(　)やさしい声で話しかける。

ウ(　)くり返し、もんくを言う。

② かげぼうしに目を落とす。

ア(　)きょろきょろとあたりを見回す。

イ(　)はっと気づいて、見つめる。

ウ(　)目を下の方に向けて、ものを見る。

③ なくのをやっとこらえる。

ア(　)あきらめる。

イ(　)がまんする。

ウ(　)少しずつする。

④ 話しかけられて、深くうなずく。

ア(　)頭をたてに動かして、「分かった」という気持ちなどをつたえる。

イ(　)頭を横にふって、「いやだ」という気持ちなどをつたえる。

ウ(　)頭をななめにむけて、「分からない」という気持ちなどをつたえる。

「目を落とす」は、本当に目を下に落とすわけではないよね。「目をこらす」や「目がさめる」のように、決まった言い方で使われる言葉なんですよ。

うらのページにつづくよ！

3 次の文章を読んで、問題に答えましょう。

教 下 14ページ1行～16ページ1行

「かげおくり」って遊びをちいちゃんに教えてくれたのは、お父さんでした。

出征(せい)する前の日、お父さんは、ちいちゃん、お兄ちゃん、お母さんをつれて、先祖(ぞ)のはかまいりに行きました。その帰り道、青い空を見上げたお父さんが、つぶやきました。

（出征…へいたいとしてせんそうに行くこと。）
（先祖…親よりも前に生まれた人たち。祖先(そせん)。）

「かげおくりのよくできそうな空だなあ。」

「えっ、かげおくり。」

と、お兄ちゃんがききかえしました。

「かげおくりって、なあに。」

と、ちいちゃんもたずねました。

「十(とお)、数える間、かげぼうしをじっと見つめるのさ。十、と言ったら、空を見上げる。すると、かげぼうしがそっくり空にうつって見える。」

と、お父さんがせつめいしました。

「父さんや母さんが子どものときに、よく遊んだものさ。」

「ね。今、みんなでやってみましょうよ。」

と、お母さんが横から言いました。

ちいちゃんとお兄ちゃんを中にして、四人は手をつなぎました。そして、みんなで、かげぼうしに目を落としました。

〈あまんきみこ「ちいちゃんのかげおくり」より〉

(1) 「かげおくり」について答えましょう。 40点(一つ10)

① まず、どうするのですか。

［　　　　］

② ①の後、空を見上げると、何がどのように見えるのですか。

［　　　　］

③ この遊びをお父さんが教えてくれたのは、いつですか。できるだけくわしく書きましょう。

［　　　　］

④ これは、お父さんやお母さんにとって、どんな遊びですか。書きぬきましょう。

（　　　　）遊び。

(2) この日、ちいちゃんたちがかげおくりをする様子が書かれた、ひとつづきの二つの文に、——線をつけましょう。 12点

ヒント 3(1) ①・②・④ お父さんの言葉から考えよう。

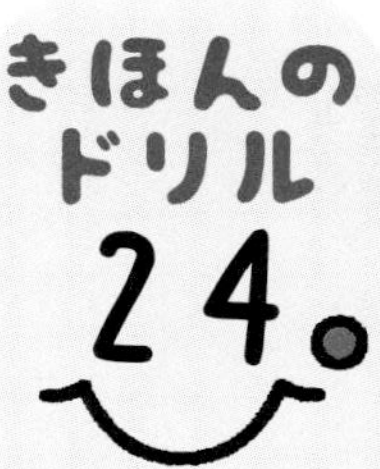

きほんのドリル 24

ちいちゃんのかげおくり (2)
修飾語を使って書こう／きせつの言葉3　秋のくらし

◉修飾語を使って書こう／きせつの言葉3　秋のくらし

1 次の――線の漢字の読みがなを書きましょう。　32点(一つ4)

①（　）九州　②（　）主語　③（　）読み返す　④（　）新米

⑤（　）屋根　⑥（　）荷物　⑦（　）守る　⑧（　）役立つ

◉修飾語を使って書こう

2 次のせつめいに合う言葉を□からえらんで、記号を書きましょう。　12点(一つ4)

①（　）文の中で、「どうした（どうする）」「どんなだ」「何だ」に当たる言葉。

②（　）文の中で、「何が（は）」「だれが（は）」に当たる言葉。

③（　）文の中で、「どんな」や「どのくらい」など、文の意味をくわしくする言葉。

ア　主語
イ　述語
ウ　修飾語

◉きせつの言葉3　秋のくらし

3 次の詩を読んで、問題に答えましょう。

教下34ページ

虫の声　（文部省唱歌）

あれ松虫が　鳴いている
ちんちろ　ちんちろ　ちんちろりん
あれ鈴虫も　鳴き出した
りんりんりんりん　りいんりん
秋の夜長を　鳴き通す
ああおもしろい　虫の声

(1) 「ちんちろ　ちんちろ　ちんちろりん」とは、何のことですか。　10点

松虫の□。

(2) いつ「鳴き通す」のですか。次からえらんで、○をつけましょう。　4点

ア（　）長い日中の間。
イ（　）日中から夜にかわるとき。
ウ（　）長い夜の間。

←うらのページにつづくよ！

教科書 下13〜35ページ

4 次の文章を読んで、問題に答えましょう。

教下 17ページ11行～18ページ9行

　次の日、お父さんは、白いたすきをかたからななめにかけ、日の丸のはたに送られて、列車にのりました。
「体の弱いお父さんまで、いくさに行かなければならないなんて。」
お母さんがぽつんと言ったのが、ちいちゃんの耳には聞こえました。
　ちいちゃんとお兄ちゃんは、かげおくりをして遊ぶようになりました。ばんざいをしたかげおくり。かた手をあげたかげおくり。足を開いたかげおくり。いろいろなかげを空に送りました。
　けれど、いくさがはげしくなって、かげおくりなどできなくなりました。この町の空にも、しょういだんやばくだんをつんだひこうきが、とんでくるようになりました。そうです。広い空は、楽しい所ではなく、とてもこわい所にかわりました。

〈あまん きみこ「ちいちゃんのかげおくり」より〉

(1) 「お父さん」は何に行くのですか。文章中から三字で書きぬきましょう。 8点

(2) 「ぽつんと言った」について答えましょう。

① お母さんは、何と言ったのですか。それが分かる文に、──線をつけましょう。 8点

② このときのお母さんの気持ちを二つえらんで、○をつけましょう。 10点（一つ5）

ア（　）ふしぎな気持ち。

イ（　）かなしい気持ち。

ウ（　）うれしい気持ち。

エ（　）くやしい気持ち。

オ（　）はずかしい気持ち。

(3) 「いくさがはげしくなって」とありますが、いくさがちいちゃんの町にもやってきている様子が書かれた文に、〰〰線をつけましょう。 8点

(4) 「広い空は、楽しい所ではなく、とてもこわい所にかわりました。」とありますが、空が楽しい所だったのは、どんなことができたときですか。 8点

（　　　　　　　　）ができたとき。

ヒント 4(2) ② お母さんは、お父さんがいくさに行くことをどう思っているかな。

きほんのドリル 25

おすすめの一さつを決めよう

時間 15分　合かく80点　／100

答え 91ページ

月　日

1 話し合うときに発言する人が気をつけることについて、（　）に当てはまる言葉を□からえらんで、記号を書きましょう。　20点（一つ5）

① （　　）の進行にそって発言する。

② 自分と友だちの意見の、（　　）ところと（　　）ところをはっきりさせる。

③ 分からないことは、（　　）する。

ア 同じ　イ しつもん　ウ 司会（し）　エ ちがう

2 次の話し合いの文章を読んで、問題に答えましょう。

教 下 38ページ上4行～10行

司会

これから、一年生にしょうかいする本について話し合います。目的（てき）は、一年生が本をすきになってくれるような、楽しい本をしょうかいすることです。はじめに、しょうかいしたい本とその理由を、五分間で出し合います。次に、本の決め方を、五分間話し合います。その後、十分間で、しょうかいする本を一さつえらびましょう。

では、北田さんから考えを教えてください。

〈「おすすめの一さつを決めよう」より〉

(1) 「これから、……話し合います。」は、どんな言葉ですか。次からえらんで、○をつけましょう。　15点

ア（　）出た意見を整理している。

イ（　）話し合いの目的をたしかめている。

ウ（　）発言する順番（じゅん）を決めている。

(2) 「次に、……話し合います。」は、どんな言葉ですか。次からえらんで○をつけましょう。　15点

ア（　）それた話を元にもどしている。

イ（　）何について意見を出すのかはっきりさせている。

ウ（　）話し合いの進め方をたしかめている。

司会の役わりは何かな。

教科書 下 36～42ページ

うらのページにつづくよ！

3 次の話し合いの文章を読んで、問題に答えましょう。

教 下 39ページ上11行～40ページ上11行

北田　「たんたのたんけん」には、表紙を開いたところに、「たんけんの地図」があるのもいいと思います。

原　「たんけんの地図」があると、どうしていいのですか。

北田　地図を見るだけでも、たんけんが思いうかんで楽しめるし、見ていたら、きっと読みたくなると思うからです。

原　ぼくは、「三びきのやぎのがらがらどん」がいいと思います。ようち園のげきで、やぎの役をしました。

北田　ぼくも、そのげきをしたことがあります。

司会　少し話がそれています。一年生が楽しめる出来事かどうかを話し合いましょう。

…

原　そろそろ二十分たちます。まとめに入りましょう。

水野　わたしは、「たんたのたんけん」にさんせいです。「たんたのたんけん」は、わくわくする出来事があるのがいいと思います。また、北田さんが言ったように、表紙を開いたところの地図を見ていたら、あまり本を読まない一年生でも、読んでみたくなるのではないでしょうか。

…

〈「おすすめの一さつを決めよう」より〉

(1) 『「たんけんの……いいのですか。」』は、どんな言葉ですか。次からえらんで、○をつけましょう。　15点

ア（　）話し合いの進め方をたしかめている。

イ（　）意見を引き出している。

ウ（　）出た意見を整理している。

(2) 「少し話がそれています。」とは、どういうことですか。　20点（一つ10）

「三びきのやぎのがらがらどん」の［　　］をしたことがあるという発言は、本のないようが、（　　　）を話し合うという、話し合いの目的からそれているということ。

(3) 水野さんは、［　］の中でどのように意見を言っていますか。次からえらんで、○をつけましょう。　15点

ア（　）「たんたのたんけん」に反対して、べつの意見を言っている。

イ（　）「たんたのたんけん」にさんせいして、しつもんをしている。

ウ（　）「たんたのたんけん」にさんせいして、意見をつけ足している。

ヒント　3(3)　水野さんのさいごの文は、どんな言葉かな。

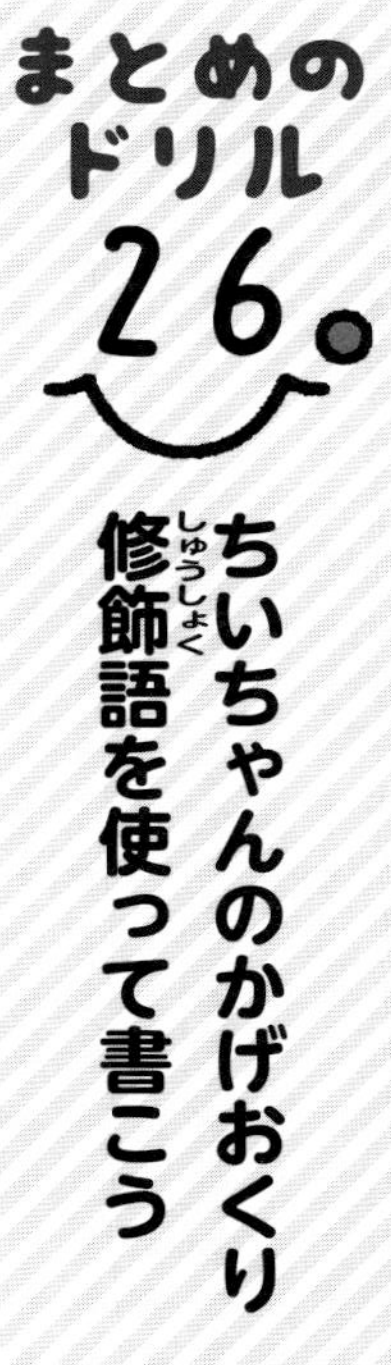

◉ちいちゃんのかげおくり／修飾語を使って書こう

1 次の□に合う漢字を書きましょう。 9点(一つ3)

① 父の［しゃしん］。 ② 家の［やね］。 ③ ［にもつ］を送る。

◉修飾語を使って書こう

2 ══線の修飾語がくわしくしている言葉に、──線をつけましょう。 24点(一つ8)

① ぼくは、東京の　おじさんに　手紙を　書いた。

② かわいい　赤ちゃんが、にこにこ　わらう。

③ わたしは、きのう、夕やけを　見ました。

◉ちいちゃんのかげおくり

3 次の文章を読んで、問題に答えましょう。

教 下 22ページ1行〜11行

「ちいちゃんじゃないの。」

という声。ふり向くと、はす向かい（ななめむかい）のうちのおばさんが立っています。

「お母ちゃんは。お兄ちゃんは。」

と、おばさんがたずねました。ちいちゃんは、なくのをやっとこらえて言いました。

「おうちのとこ。」

「そう、おうちにもどっているのね。おばちゃん、今から帰るところよ。いっしょに行きましょうか。」

おばさんは、ちいちゃんの手をつないでくれました。二人は歩きだしました。

〈あまん きみこ「ちいちゃんのかげおくり」より〉

(1) 「ちいちゃんじゃないの。」と言ったのは、だれでしたか。 12点

（　　　　　　）

(2) 「なくのをやっとこらえて」とありますが、このときのちいちゃんの気持ちを、次からえらんで、○をつけましょう。 10点

ア（　）知っている人に会えたから、もう心ぱいない。

イ（　）お母さんとお兄ちゃんが見つからず、心細い。

ウ（　）なくとはずかしいので、ほうっておいてほしい。

教科書 下 13〜33ページ

← うらのページにつづくよ！

4 次の文章を読んで、問題に答えましょう。

教下25ページ1行～26ページ11行

　ちいちゃんは、ふらふらする足をふみしめて立ち上がると、たった一つのかげぼうしを見つめながら、数えだしました。

「ひとうつ、ふたあつ、みいっつ。」

いつのまにか、お父さんのひくい声が、かさなって聞こえだしました。

「ようっつ、いつうつ、むうっつ。」

お母さんの高い声も、それにかさなって聞こえだしました。

「ななあつ、やあっつ、ここのうつ。」

お兄ちゃんのわらいそうな声も、かさなってきました。

「とお。」

ちいちゃんが空を見上げると、青い空に、くっきりと白いかげが四つ。

「お父ちゃん。」

ちいちゃんはよびました。

「お母ちゃん、お兄ちゃん。」

　そのとき、体がすうっとすき通って、空にすいこまれていくのが分かりました。

　一面の空の色。ちいちゃんは、空色の花ばたけの中に立っていました。見回しても、見回しても、花ばたけ。

「きっと、ここ、空の上よ。」

と、ちいちゃんは思いました。

「ああ、あたし、おなかがすいて軽くなったから、ういたのね。」

〈あまん きみこ「ちいちゃんのかげおくり」より〉

(1) ちいちゃんが弱っていることが分かる言葉を、七字の言葉で書きぬきましょう。 10点

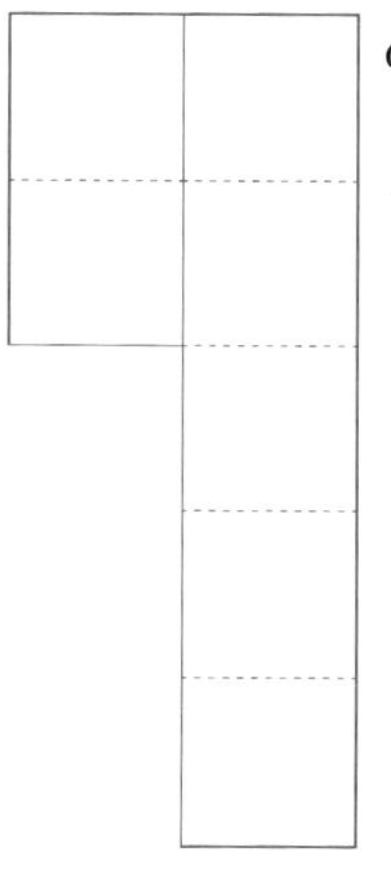

(2) 「たった一つのかげぼうし」とありますが、だれのかげですか。 10点

（　　　　）

(3) 「白いかげが四つ」とありますが、ちいちゃんはそのかげにむかって、なんとよびかけていますか。三つ書きましょう。 15点（一つ5）

（　　　　）

（　　　　）

（　　　　）

(4) 「そのとき、体がすうっとすき通って、空にすいこまれていくのが分かりました。」とありますが、これはちいちゃんがどうなったことを表していますか。 10点

（　　　　）

ヒント 4(3) ちいちゃんが言ったことから読みとろう。

きほんのドリル 27

すがたをかえる大豆

時間 15分
合かく80点
／100
答え 91ページ
サクッとこたえあわせ
月　日

1 次の――線の漢字の読みがなを書きましょう。 24点（一つ3）

① 大豆（　　）
② 筆者（　　）
③ 育つ（　　）
④ 消化（　　）
⑤ 取り出す（　　）
⑥ 時期（　　）
⑦ 終わり（　　）
⑧ 畑（　　）

2 ――線の言葉の意味をえらんで、○をつけましょう。 25点（一つ5）

① さまざまなざいりょうが調理されて出てきます。
ア（　）食べ物をりょうりすること。
イ（　）食べ物をこまかく切ること。
ウ（　）りょうりをたくさん作ること。

② 大豆がそれほど食べられていることは、意外と知られていません。
ア（　）思っていたこととじっさいが分からない様子。
イ（　）思っていたこととじっさいがぴったりな様子。
ウ（　）思っていたこととじっさいがちがう様子。

③ かたい大豆は、そのままでは消化もよくありません。
ア（　）食べたものを、おいしいと感じること。
イ（　）食べたものを、はき出すこと。
ウ（　）食べたものが、体にとり入れられること。

④ むした米を用意する。
ア（　）いらない物をすてること。
イ（　）ひつような物をじゅんびすること。
ウ（　）あまった物を人にあげること。

⑤ ほかの作物にくらべて、多くの食べ方がくふうされてきた。
ア（　）田畑に植えて育てる植物のこと。
イ（　）げいじゅつてきな作品のこと。
ウ（　）手間をかけたりょうりのこと。

教科書 下43～51ページ

うらのページにつづくよ！

3 次の文章を読んで、問題に答えましょう。

教下 44ページ1行〜45ページ12行

　わたしたちの毎日の食事には、肉・やさいなど、さまざまなざいりょうが調理されて出てきます。その中で、ごはんになる米、パンやめん類(るい)になる麦のほかにも、多くの人がほとんど毎日口にしているものがあります。何だか分かりますか。それは、大豆です。大豆がそれほど食べられていることは、意外と知られていません。大豆は、いろいろな食品にすがたをかえていることが多いので、気づかれないのです。

　大豆は、ダイズという植物のたねです。えだについたさやの中に、二つか三つのたねが入っています。ダイズが十分に育つと、さやの中のたねはかたくなります。これが、わたしたちが知っている大豆です。かたい大豆は、そのままでは食べにくく、消化もよくありません。そのため、昔からいろいろ手をくわえて、おいしく食べるくふうをしてきました。

〈国分(こくぶん) 牧衛(まきえ)「すがたをかえる大豆」より〉

(1) 「その中」とは、何の中ですか。 5点

毎日の食事に出てくる［　　　　　］の中。

(2) 「口にしている」とは、どういう意味ですか。 8点

（　　　　）

(3) 「大豆がそれほど食べられていることは、意外と知られていません。」とありますが、なぜですか。 10点

（　　　　）

(4) 「大豆」とは、何ですか。 8点

（　　　　）

(5) 大豆が入っているところは、どこですか。 10点

（　　　　）

(6) 大豆に「昔からいろいろ手をくわえて」いたのは、なぜですか。 10点

（　　　　）

ヒント 3(3) この後に「〜ので、〜のです。」と理由が書かれているよ。

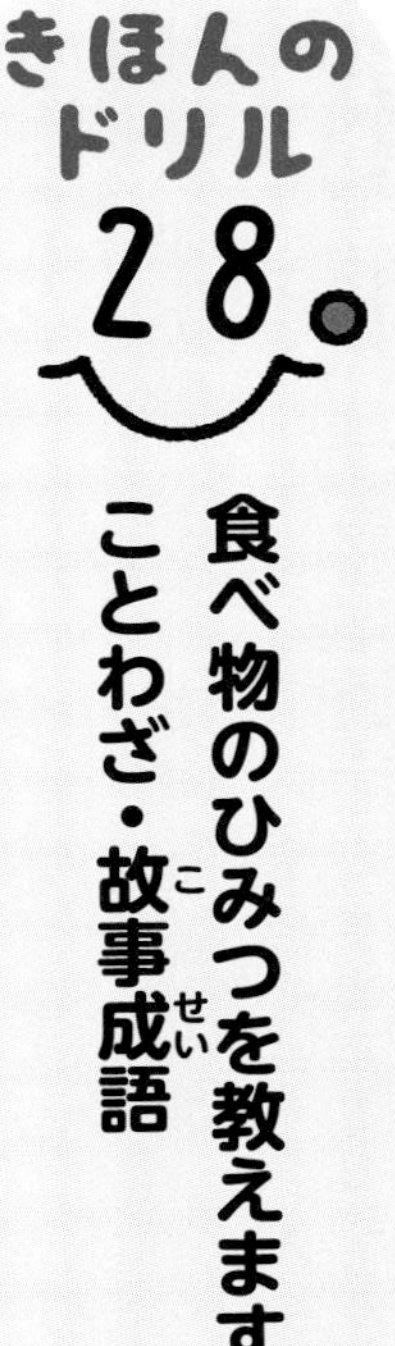

きほんのドリル 28。 食べ物のひみつを教えます ことわざ・故事成語

◉ことわざ・故事成語

1 次の――線の漢字の読みがなを書きましょう。 24点(一つ3)

①（　）福　②（　）苦労　③（　）多少　④（　）急ぐ

⑤（　）早起き　⑥（　）待ち合わせ　⑦（　）相談する　⑧（　）目次

◉食べ物のひみつを教えます

2 麦をざいりょうにして作った食品について、次のようにれいをあげていきます。（　）に当てはまる言葉を［　］からえらんで、記号を書きましょう。 15点(一つ5)

（　）、うどんやそばなどのめん類です。（　）、こなにしてやいたパンやケーキなど。（　）、みそなども作られています。

ア　また　イ　はじめに　ウ　次に

◉ことわざ・故事成語

3 次のことわざの意味を［　］からえらんで、記号を書きましょう。 15点(一つ5)

①（　）わかいときの苦労は買ってもせよ

②（　）石橋をたたいてわたる

③（　）善は急げ

ア　自分が成長するためには、進んでたいへんな思いをしたほうがよいということ。

イ　よいことだと思ったら、すぐに実行しなさいということ。

ウ　用心深く物事を行うこと。

②とてもかたい石橋をたたいているね。

うらのページにつづくよ！

◉ことわざ・故事成語

4 ――線の故事成語の使い方が正しいものに、○をつけましょう。 16点(一つ8)

①
ア(　)道具の使い方を、矛盾しながらうまく教えることができた。
イ(　)さっきはよくて今はよくないのは、話が矛盾しています。
ウ(　)今日は雨ですが、あすは矛盾して晴れになるそうです。

②
ア(　)やった宿題を家にわすれた君も、宿題をやらなかったぼくと五十歩百歩だ。
イ(　)これらの作品の中で、五十歩百歩のものを入賞作とする。
ウ(　)わたしの家から学校までは、歩いて五十歩百歩です。

◉食べ物のひみつを教えます

5 次の文章を読んで、問題に答えましょう。

すがたをかえる牛乳

南野　あかり

牛乳は、むかしからいろいろな形にすがたをかえてきました。

まず、そのままのむ場合があります。コーヒーとまぜたり、くだものを入れてジュースを作ったりしてもおいしくのめます。

次に、牛乳を料理に使う場合があります。シチューやグラタンにも、牛乳が入っています。牛乳は、ほかの食品と合わせやすく、いろいろな味つけができます。

さらに、チーズやバター、ヨーグルトなども、牛乳から作られた食品です。

このように、牛乳は、いろいろなすがたになって食事の中に登場しています。

(1) れいの一つ目をあげるのに、「まず」という言葉を使っています。二つ目、三つ目のれいをあげるとき、どんな言葉を使っていますか。 10点(一つ5)

・二つ目(　　　　)
・三つ目(　　　　)

(2) 「牛乳を料理に使う場合」のれいとしてあげられているものを、二つ書きぬきましょう。 10点(一つ5)

(　　　　)
(　　　　)

(3) 全体を受けて、まとめをしている文の、はじめの五字を書きぬきましょう。 10点

ヒント 5(3) まとめの文には、どんな言葉を使うかな。

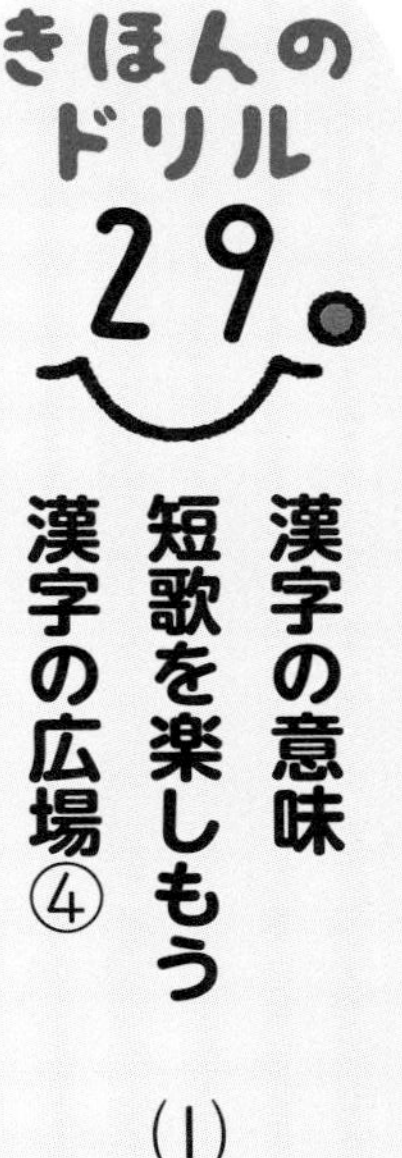

漢字の意味／短歌を楽しもう(1)／漢字の広場④

◉漢字の意味／短歌を楽しもう

1 次の——線の漢字の読みがなを書きましょう。 20点(一つ5)

① 委員会（　　）　② 中央（　　）　③ 昭和（　　）　④ 短歌（　　）

◉漢字の意味

2 絵を見て、——線の言葉に合う漢字を書きましょう。 10点(一つ5)

① 人形にはなをつける。 □

② きれいなはだ。 □

3 次の読みをもつ、（　）に当てはまる漢字を、文の意味を考えて書きましょう。 40点(一つ10)

(1) カイ
- ① 二（　　）の部屋。
- ② 本を二（　　）読む。

(2) キシャ
- ① 新聞（　　）になる。
- ② （　　）に乗って旅をする。

◉漢字の広場④

4 ——線の言葉を、漢字を使って書きましょう。 30点(一つ5)

① いえから、てんもんだいまではしる。

② じどうしゃで、みなみにあるいちばに行く。

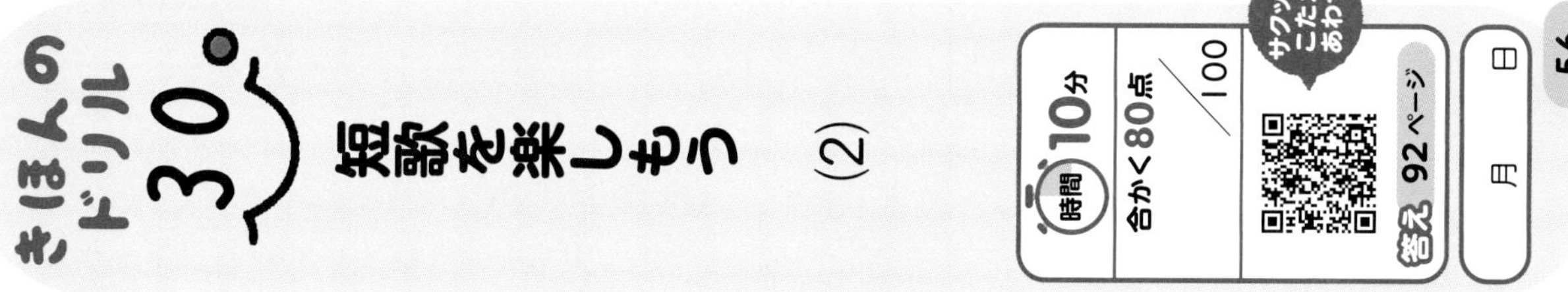

短歌を楽しもう (2)

●短歌→五・七・五・七・七の三十一音からできている短い詩。

1 次の短歌をひらがなに直して、五・七・五・七・七の五つの部分に分けて書きましょう。

① 秋来ぬと目にはさやかに見えねども風の音にぞおどろかれぬる(藤原敏行)　30点

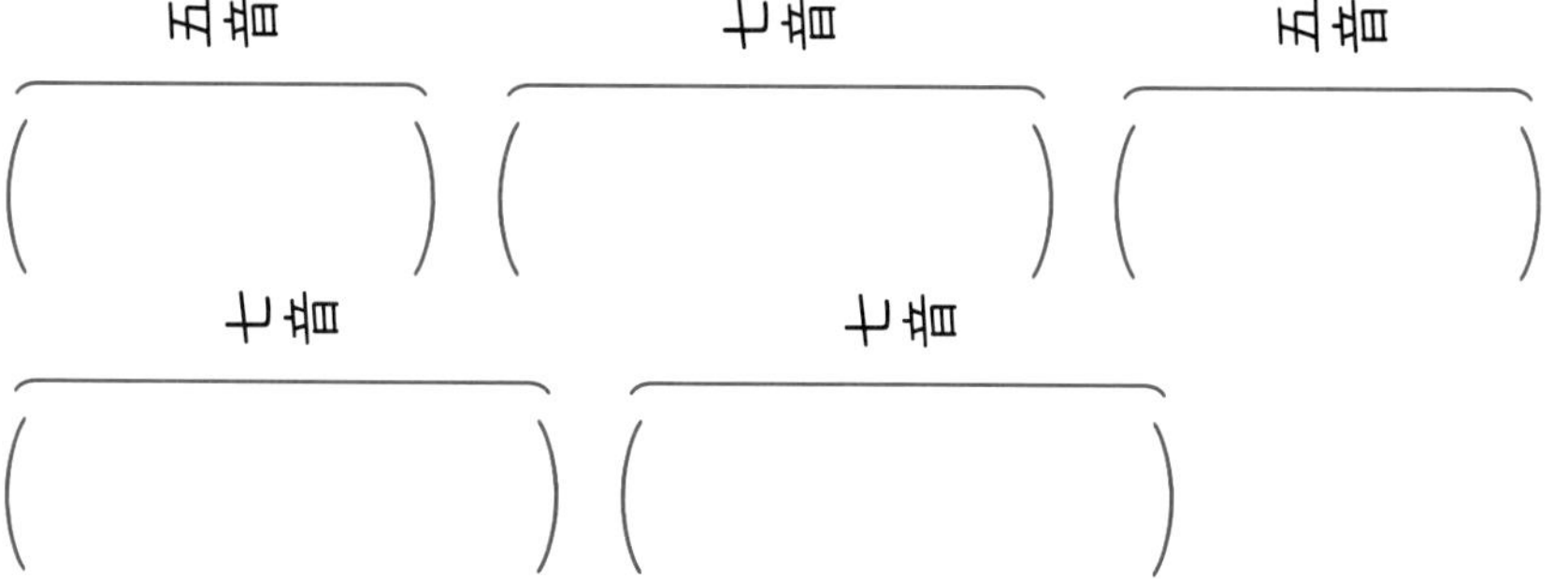

② 秋風の吹きにし日より音羽山峰のこずゑも色づきにけり(紀貫之)　40点

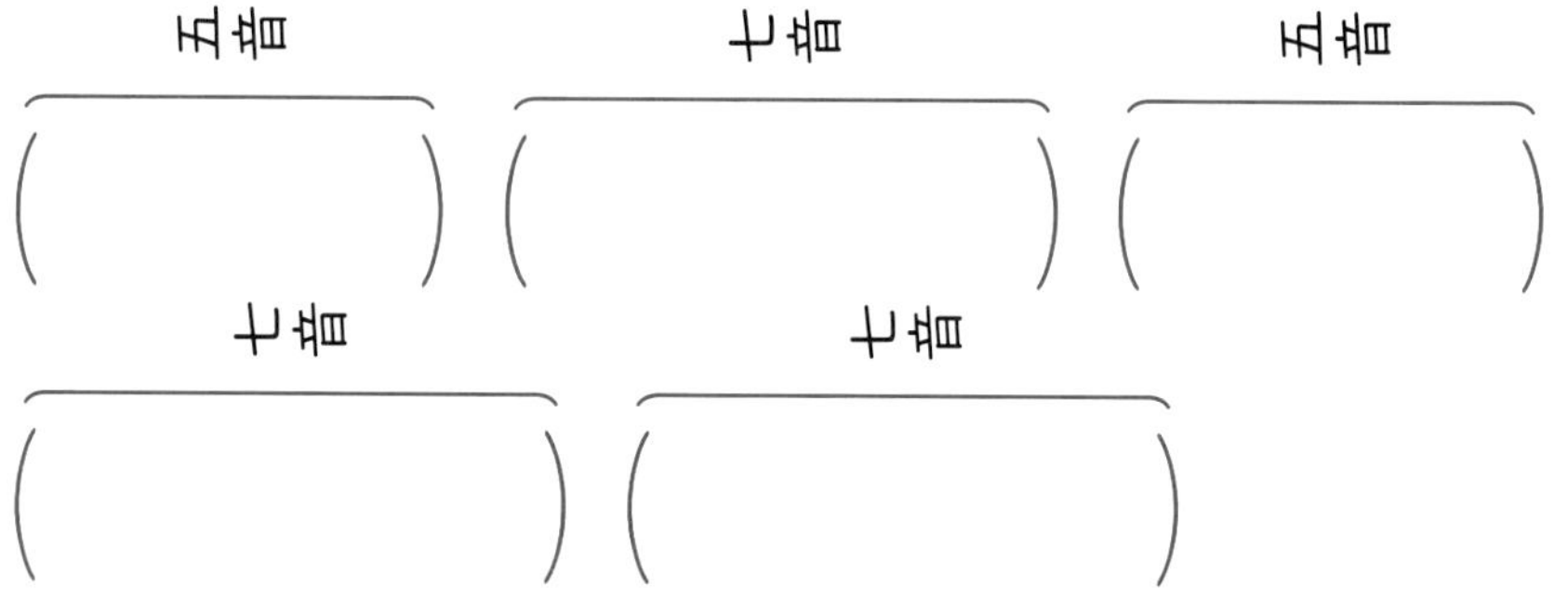

③ 奥山に紅葉踏み分け鳴く鹿の声聞く時ぞ秋は悲しき(猿丸大夫)　30点

五音　七音　五音　七音　七音

教科書 下 23ページ

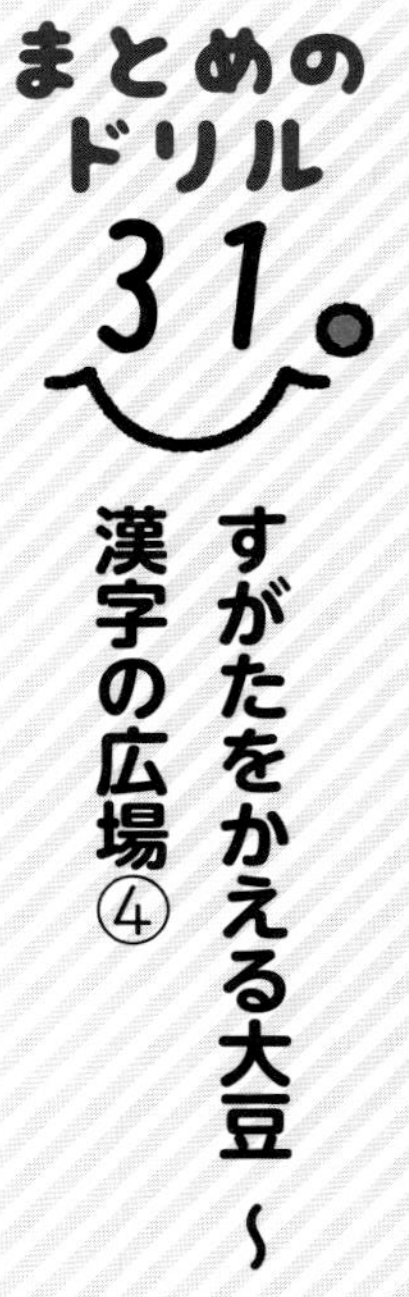

まとめのドリル31 すがたをかえる大豆～漢字の広場④

◉ことわざ・故事成語

1 次のことわざの（　）に当てはまる言葉を書きましょう。また、そのことわざの意味を□からえらんで、記号を書きましょう。　21点（それぞれ両方できて一つ7）

① （　　）も木から落ちる　　意味（　）

② （　　）も歩けばぼうに当たる　　意味（　）

③ ちりもつもれば（　　）となる　　意味（　）

ア　名人とよばれるような人でも、ときにはしっぱいすることがあるということ。
イ　何かをやってみると、思わぬわざわいや、よい出来事に出合うものだということ。
ウ　どんなに少ない物でも、つもりつもれば大きな物になるということ。

◉漢字の意味

2 ――線の言葉に合う漢字を、〔　〕の中からえらんで、書きましょう。　10点（一つ5）

① 体をキョウカするために、運動をする。〔強化・教科〕（　　）

② 兄は、この本をダイジにしている。〔題字・大事〕（　　）

◉漢字の広場④

3 ――線の言葉を、漢字を使って書きましょう。　9点（一つ3）

・ひがしに、ふるい てらがある。

うらのページにつづくよ！

4 次の文章を読んで、問題に答えましょう。

教 下 46ページ1行〜47ページ12行

　いちばん分かりやすいのは、大豆をその形のままいったり、にたりして、やわらかく、おいしくするくふうです。いると、豆まきに使う豆になります。水につけてやわらかくしてからにると、に豆になります。正月のおせちりょうりに使われる黒豆も、に豆の一つです。に豆には、黒、茶、白など、いろいろな色の大豆が使われます。

　次に、こなにひいて食べるくふうがあります。もちやだんごにかけるきなこは、大豆をいって、こなにひいたものです。

　また、大豆にふくまれる主なえいようを取り出して、ちがう食品にするくふうもあります。大豆を一ばん水にひたし、なめらかになるまですりつぶします。これに水をくわえて、かきまぜながら熱します。その後、ぬのを使ってなかみをしぼり出します。しぼり出したしるににがりというものをくわえると、かたまって、とうふになります。

　さらに、目に見えない小さな生物の力をかりて、ちがう食品にするくふうもあります。ナットウキンの力をかりたのが、なっとうです。むした大豆にナットウキンをくわえ、あたたかい場所に一日近くおいて作ります。

〈国分牧衛「すがたをかえる大豆」より〉

(1) はじめの段落には、人が大豆をおいしくするためのくふうが二つ書いてあります。それぞれ二字で書きぬきましょう。 12点(一つ6)

(2) 「に豆」を作るときは、にる前に何をしますか。 10点

(　　　　)

(3) 「きなこ」では、こなにひく前に何をしますか。 8点

(　　　　)

(4) 「これ」は、何ですか。 10点

(　　　　)

(5) 「にがり」は、どんなはたらきをしますか。 10点

(　　　　)

(6) 「なっとう」ができるのに力をかす生物は、何という名前の、どのくらいの大きさの生物ですか。 10点

(　　　　)

ヒント 4(6) 「なっとう」の前の部分をよく読もう。

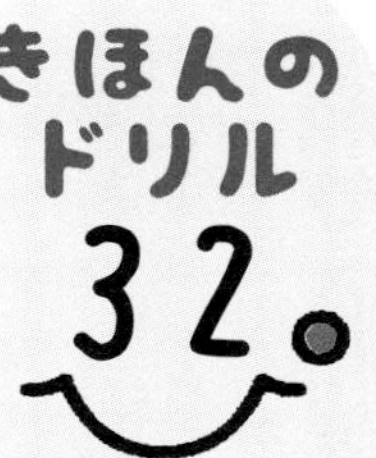

きほんのドリル 32

三年とうげ　わたしの町のよいところ　きせつの言葉4　冬のくらし

◉三年とうげ／わたしの町のよいところ

1 次の——線の漢字の読みがなを書きましょう。　24点（一つ2）

①ため息（　　）　②転ぶ（　　）　③医者（　　）　④飲む（　　）

⑤重い（　　）　⑥一度（　　）　⑦幸せ（　　）　⑧美しい（　　）

⑨病気（　　）　⑩心配（　　）　⑪交流（　　）　⑫水族館（　　）

◉わたしの町のよいところ

2 次のしょうかいをする文章を書くための組み立てメモについて、（　）に当てはまる言葉を□からえらんで、記号を書きましょう。　24点（一つ6）

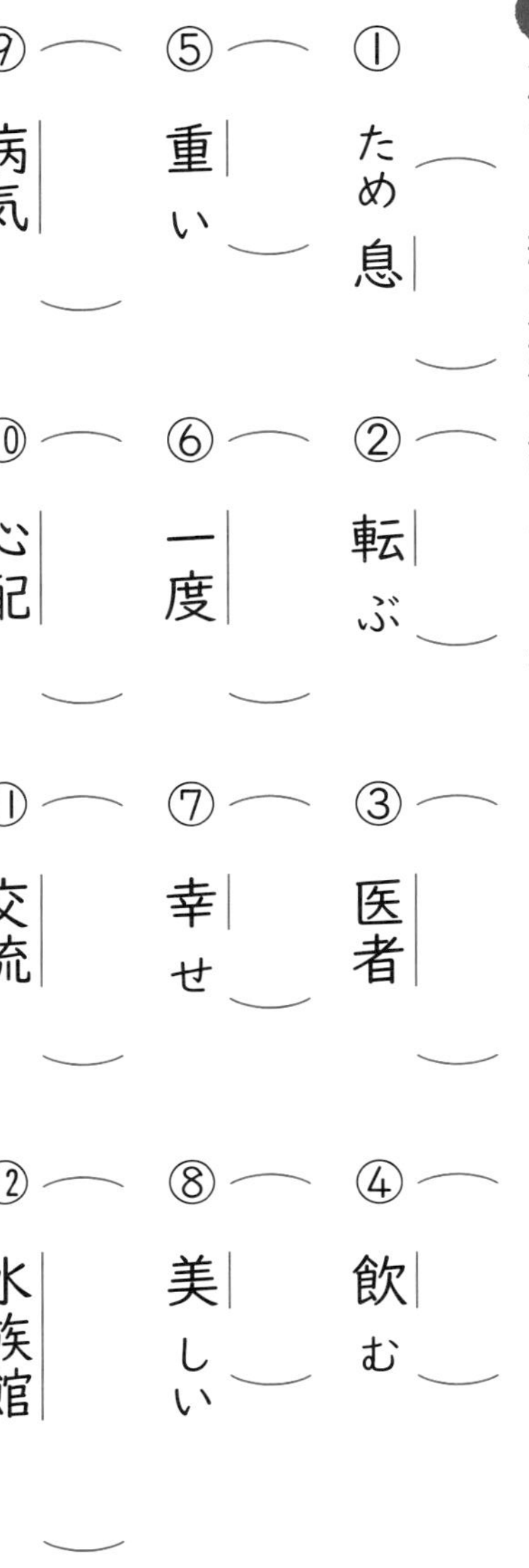

はじめ
（①　　）科学館
（②　　）
・みどり駅から歩いて５分
・午前10時から午後５時まで
中
（③　　）
・プラネタリウムがある［写真］
・おもしろいじっけん教室
終わり
（④　　）
科学の楽しさを体けんしに行こう。

ア　しょうかいしたい理由
イ　しょうかいするもの
ウ　まとめ・よびかけ
エ　せつめい

◉きせつの言葉4　冬のくらし

3 （　）に当てはまる言葉を□からえらんで、記号を書きましょう。　12点（一つ3）

きのうの夜にふった雪が、朝になるとつもっていました。一面（　　）です。父は外に出て（　　）をして、わたしは兄と（　　）をして遊びました。かぜ気味の母は、（　　）に入ってあたたまっていました。

ア　こたつ　　イ　雪かき　　ウ　雪がっせん　　エ　銀世界

教科書 下65～87ページ

うらのページにつづくよ！

④ 次の文章を読んで、問題に答えましょう。

教下 68ページ11行〜70ページ5行

ある秋の日のことでした。一人のおじいさんが、となり村へ、反物を売りに行きました。そして、帰り道、三年とうげにさしかかりました。白いすすきの光るころでした。おじいさんは、こしを下ろしてひと息入れながら、美しいながめにうっとりしていました。しばらくして、

「こうしちゃおれぬ。日がくれる。」

おじいさんは、あわてて立ち上がると、

「三年とうげで　転ぶでないぞ。
三年とうげで　転んだならば、
三年きりしか　生きられぬ。」

と、足を急がせました。

お日様が西にかたむき、夕やけ空がだんだん暗くなりました。

ところがたいへん。あんなに気をつけて歩いていたのに、おじいさんは、石につまずいて転んでしまいました。おじいさんは真っ青になり、がたがたふるえました。

家にすっとんでいき、おばあさんにしがみつき、おいおいなきました。

〈李錦玉「三年とうげ」より〉

(1) 「ある秋の日のことでした。」とありますが、秋らしい様子を書いた文があります。その一文を書きぬきましょう。 8点

(2) 「こうしちゃおれぬ。」とは、どうしてはいられないということですか。 12点

(3) 「お日様が西にかたむき、夕やけ空がだんだん暗くなりました。」とありますが、これと同じことを、おじいさんはどう言い表していますか。五字で書きぬきましょう。 10点

(4) おじいさんは、なぜ、転んだくらいで、真っ青になってがたがたふるえたり、おいおいないたりしたのですか。そのわけが分かる一文を書きぬきましょう。 10点

④(1) 秋ならではの美しいものが書かれているよ。

まとめのドリル33　三年とうげ

時間 20分　合かく80点　／100

サクッとこたえあわせ　答え 93ページ

月　日

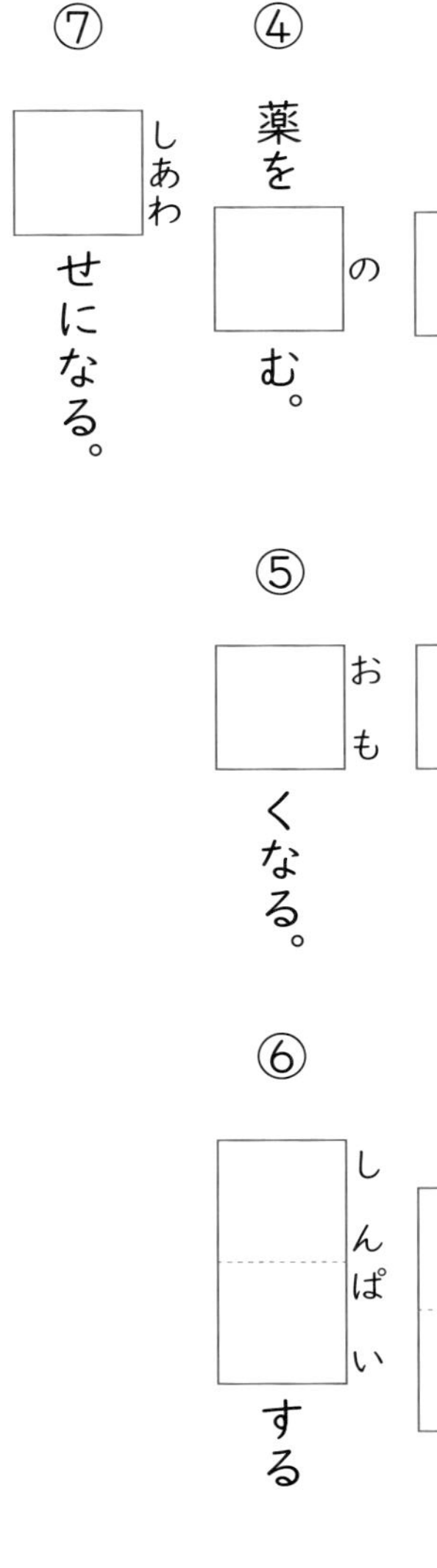

1 次の□に合う漢字を書きましょう。　28点（一つ4）

① ため□（いき）
② □（うつく）しい
③ お□□（いしゃ）をよぶ。
④ 薬を□（の）む。
⑤ □（おも）くなる。
⑥ □□（しんぱい）する
⑦ □（しあわ）せになる。

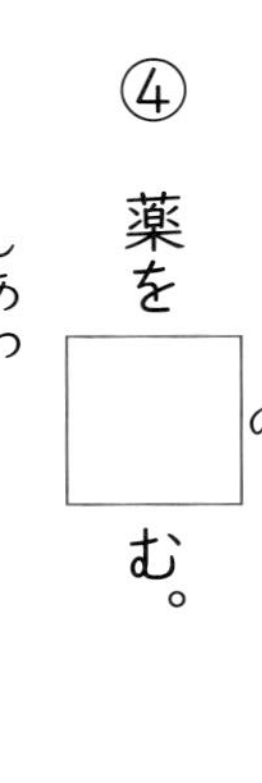
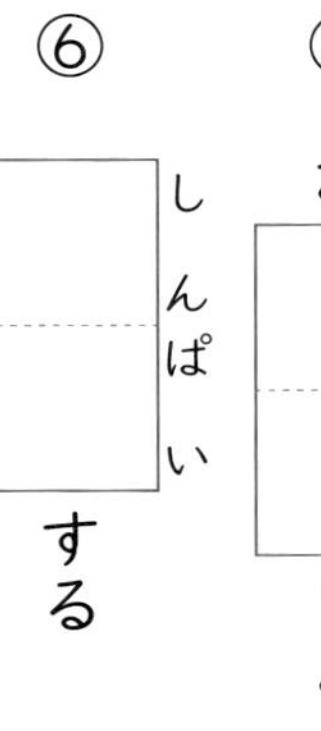

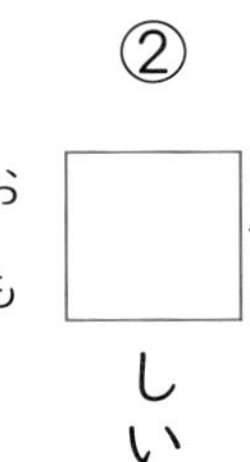

2 ――線の言葉の意味をえらんで、○をつけましょう。　28点（一つ7）

① あまり高くない、なだらかなとうげ。
ア（　）かたむきがなく、平らな様子。
イ（　）かたむきがはげしい様子。
ウ（　）かたむきがゆるやかな様子。

② 転ばないように、おそるおそる歩く。
ア（　）むねをはって思い切りのよい様子。
イ（　）こわがりながらする様子。
ウ（　）気分が明るくはずんでいる様子。

③ しがみついて、おいおいなく。
ア（　）大声をあげてはげしくなく。
イ（　）鼻をすすって弱々しくなく。
ウ（　）なみだがしずかに落ちるようになく。

④ つきっきりで看病（かんびょう）する。
ア（　）少しの間もそばをはなれずつきそうこと。
イ（　）一度様子を見て、その後ははなれること。
ウ（　）ほかの人に全部まかせること。

教科書 下65～80ページ

うらのページにつづくよ！

3 次の文章を読んで、問題に答えましょう。

教下 72ページ1行～73ページ10行

　そんなある日のこと、水車屋のトルトリが、みまいに来ました。

「おいらの言うとおりにすれば、おじいさんの病気はきっとなおるよ。」

「どうすればなおるんじゃ。」

　おじいさんは、ふとんから顔を出しました。

「なおるとも。三年とうげで、もう一度転ぶんだよ。」

「ばかな。わしに、もっと早く死ねと言うのか。」

「そうじゃないんだよ。一度転ぶと、三年　生きるんだろ。二度転べば六年、三度転べば九年、四度転べば十二年。このように、何度も転べば、うんと長生きできるはずだよ。」

　おじいさんは、しばらく考えていましたが、うなずきました。

「うん、なるほど、なるほど。」

　そして、ふとんからはね起きると、三年とうげに行き、わざとひっくり返り、転びました。

〈李錦玉（リ・クムオギ）「三年とうげ」より〉

(1) 「おいらの言うとおりにすれば」とありますが、トルトリは、おじいさんにどうするようにと言っていますか。 12点

（　　　　　　）

(2) 「ふとんから顔を出しました。」とありますが、このとき、おじいさんはどう思っていますか。次からえらんで、○をつけましょう。 12点

ア（　）トルトリの言うことはおかしい。

イ（　）トルトリの言うことは正しい。

ウ（　）トルトリの言うことはどういうことだろう。

(3) 「そうじゃない」とありますが、どういうことではないと言っているのですか。 12点

（　　　　　　）ということではない。

(4) 「何度も転べば、うんと長生きできるはずだよ。」とありますが、トルトリがこのように言うのは、どのように考えたからですか。（　）に当てはまる言葉を［　］からえらんで、記号を書きましょう。 8点（一つ4）

　三年とうげで一回転ぶと（　　）生きられないという言葉を、一回転ぶたびに（　　）生きられるという意味に考えた。

ア　三年多く	イ　三年だけしか	ウ　三年より短く

ヒント　3(3) 「そうじゃない」の前のおじいさんの言葉をよく読もう。

冬休みのホームテスト 34

九月から十二月に習った漢字と言葉

時間 20分　合かく80点　／100

答え 93ページ

サクッとこたえあわせ

月　日

1 次の——線の漢字の読みがなを書きましょう。

24点（一つ1）

① 電波（　）
② 休日（　）
③ 時計（　）
④ 雲海（　）
⑤ 新雪（　）
⑥ 感知（　）
⑦ 売買（　）
⑧ 広大（　）
⑨ 間近（　）
⑩ 入力（　）
⑪ 風船（　）
⑫ 帰社（　）
⑬ 明日（　）
⑭ 部屋（　）
⑮ 皮むき（　）
⑯ 学級（　）
⑰ 交ぜる（　）
⑱ 作業（　）
⑲ 今朝（　）
⑳ 教わる（　）
㉑ 二階（　）
㉒ 皿（　）
㉓ お父さん（　）
㉔ 大豆（　）

2 □に合う漢字を書きましょう。

30点（一つ2）

① 村の□(まつ)り。
② 電車の□(えき)。
③ 夏は□(あつ)い。
④ 先を□(いそ)ぐ。
⑤ 一年が□(お)わる。
⑥ □(ち)が止まる。
⑦ 空が□(くら)い。
⑧ □(くすり)を飲む。
⑨ 外は□(さむ)い。
⑩ 早□(お)きする。
⑪ 読み□(かえ)す
⑫ やくそくを□(まも)る。
⑬ □(かる)いはこ。
⑭ 人の□(いのち)。
⑮ □(うつく)しいけしき。

うらのページにつづくよ！

3 次の漢字のへん、またはつくりを□に書きぬき、その名前を（　）に書きましょう。

12点（一つ2）

① 休　□　（　　）

② 細　□　（　　）

③ 顔　□　（　　）

4 次の＝＝線の言葉にかかる修飾(しゅうしょく)語を、すべて見つけ、――線をつけましょう。

6点（一つ2）

① くつを　みがいたら、ぴかぴかに　光った。

② 小さい　みけねこは、うちの　ねこだ。

③ わたしは、冬休みに　ねんがじょうを　書いた。

5 次のローマ字をひらがなに直しましょう。

14点（一つ2）

① ringo（　　）

② kisya（　　）

③ okâsan（　　）

④ kippu（　　）

⑤ kon'ya（　　）

⑥ michi（　　）

⑦ gakkyû（　　）

6 次の言葉をローマ字で書きましょう。

14点（一つ2）

① にわ

② きょねん

③ おとうと

④ コップ

⑤ ぜんいん

⑥ しま

⑦ ふろ

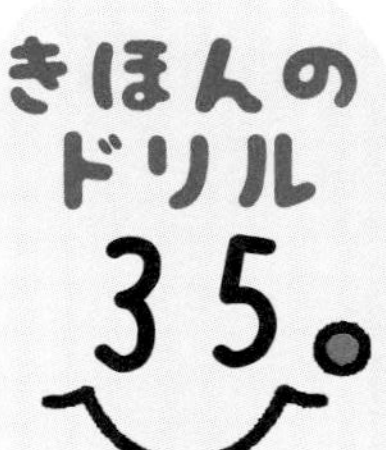

35. 詩のくふうを楽しもう／四まいの絵を使って
カンジーはかせの音訓（おんくん）かるた
漢字の広場⑤

◉カンジーはかせの音訓かるた

1 次の――線の漢字の読みがなを書きましょう。　24点（一つ3）

①（　　）曲がる　②（　　）宮大工　③（　　）一丁　④（　　）寺院

⑤（　　）お礼　⑥（　　）反対　⑦（　　）石炭　⑧（　　）乗る

◉四まいの絵を使って

2 物語の組み立てについて、（　）に当てはまる言葉を□からえらんで、記号を書きましょう。　15点（一つ5）

1　始まりとして、登場人物や、時（きせつ・時間）、（①　　）などを書く。

2　出来事が起こるきっかけを書き、起こった出来事と、それがどう（②　　）していくかを書く。

3　物語が進むにつれて、登場人物の（③　　）がどうかわっていくかなどを書く。

4　むすびとして、その後どうなったかなどを書く。

ア　気持ち	イ　へんか	ウ　場所

◉漢字の広場⑤

3 ――線の言葉を、漢字を使って書きましょう。　18点（一つ3）

① ずがこうさくの時間に、がようしをきる。

② しゃかいのことを、しんぶんでしる。

➡うらのページにつづくよ！

教科書 下88～96ページ

◉カンジーはかせの音訓(おんくん)かるた

4 次の――線の漢字の読みがなを書きましょう。 18点(一つ3)

① 目の前を　リレーの　走(　)者(　)が　走(　)りぬけ

② 羊(　)毛を　かられてさっぱり　羊(　)さん

③ 千(　)羽づる　千(　)代紙使って　おりました

◉詩のくふうを楽しもう

5 次の詩を読んで、問題に答えましょう。

教下90ページ

かいだん

関根栄一(せきねえいいち)

だん
かいだん
かいだんだん
かいだんのぼるよ
かぞえてだんだんだん
とまってうえみてかいだん
かいだんだんだんのぼるよだん
いちばんうえだよたかいなかいだん
あちこちみえるよたのしいかいだん
かいだんだんだんおりるよだん
とまってしたみてかいだん
かぞえてだんだんだん
かいだんおりるよ
かいだんだん
かいだん
だん

(1) この詩では、どんなくふうが使われていますか。次からえらんで、○をつけましょう。 10点

ア(　)文字や言葉を絵のようにならべている。

イ(　)声に出して読むとおもしろい言葉を使っている。

ウ(　)行のさいしょの字に言葉をかくしている。

(2) 「かぞえてだんだんだん」とありますが、この詩で上っている「かいだん」は何だんですか。漢字で書きましょう。 5点

□だん

(3) この詩では、「かいだん」をのぼったときの気持ちを、どう表していますか。詩の中から書きぬきましょう。 10点

□□□□気持ち。

ヒント 5(3) いちばん上はけしきがいいから、どんな気持ちになるかな。

まとめのドリル 36. 詩のくふうを楽しもう ～ 漢字の広場⑤

時間 20分　合かく80点　／100　答え 94ページ　月　日

◉詩のくふうを楽しもう

1 次の詩を読んで、問題に答えましょう。

教 下 89ページ

あした　石津（いしづ）ちひろ

あしたのあたしは
あたらしいあたし
あたしらしいあたし

あたしのあしたは
あたらしいあした
あたしらしいあした

(1) この詩では、どんなくふうが使われていますか。次からえらんで、○をつけましょう。 10点

ア（　）文字や言葉を絵のようにならべている。

イ（　）声に出して読むとおもしろい言葉を使っている。

ウ（　）行のさいしょの字に言葉をかくしている。

(2) あしたの「あたし」は、どうなっていますか。詩の中から二つ書きぬきましょう。 16点（一つ8）

（　　　　　　）

（　　　　　　）

◉カンジーはかせの音訓かるた

2 次の――線の漢字の読みがなを書きましょう。 18点（一つ3）

① 雨<u>宿</u>りしている間に<u>宿</u>題を

② <u>勝</u>負してはじめて<u>勝</u>ったうれしいな

③ 第一球<u>投</u>手が打（だ）者に<u>投</u>げました

うらのページにつづくよ！

◉漢字の広場⑤

3 ――線の言葉を、漢字を使って書きましょう。 24点(一つ3)

① こくごではなしあいを行い、人のはつげんをきく。

② さんすうのけいさんを、こくばんに書いておしえる。

◉詩のくふうを楽しもう

4 次の詩を読んで、問題に答えましょう。 教下88ページ

はせ みつこ

ことばはつなぐ
とおくとちかく
ばらとみつばち
だれかとだれか
いまとむかし
すきときらい
きみとわたし

(1) この詩では、どんなくふうが使われていますか。次からえらんで、○をつけましょう。 9点

ア(　)文字や言葉を絵のようにならべている。

イ(　)声に出して読むとおもしろい言葉を使っている。

ウ(　)行のさいしょの字に言葉をかくしている。

(2) 詩の中で、反対の意味を表す言葉が三つずつ書かれています。詩の中から書きぬきましょう。 18点(一つ3)

・(　)⟷(　)

・(　)⟷(　)

・(　)⟷(　)

(3) この詩は、ことばに対するどんな気持ちを書いた詩ですか。 5点

(　　　　)な気持ち。

ヒント 4(2) それぞれ、一行の中に反対の意味を表す言葉が書かれているよ。

きほんのドリル 37. ありの行列

1 次の——線の漢字の読みがなを書きましょう。 16点(一つ2)

① 研究（　　）　② 外れる（　　）　③ 行く手（　　）　④ 細か（　　）

⑤ 交わる（　　）　⑥ 庭（　　）　⑦ 仕組み（　　）　⑧ 話題（　　）

2 ——線の言葉の意味をえらんで、○をつけましょう。 25点(一つ5)

① ありの行く手をさえぎる。
ア（　）進んでいく先。
イ（　）進んでいく人。
ウ（　）通りすぎたあと。

② ありの行く手をさえぎる。
ア（　）進むのをじゃまして止める。
イ（　）先へどんどんと進む。
ウ（　）追いこして先に行く。

③ 行列は、ちりぢりになってしまった。
ア（　）ちぢんで、小さくなる様子。
イ（　）やぶれて、ぼろぼろになる様子。
ウ（　）ばらばらにちらばる様子。

④ 目的(てき)地に着く。
ア（　）行こうと目ざすところ。
イ（　）行き着いたところ。
ウ（　）行ってみたいと思うところ。

⑤ 地面に何か道しるべになるものをつけておく。
ア（　）土地やたてものなどの名前。
イ（　）道あんないとして、道に書いておくもの。
ウ（　）通ったところを道にしるしておくもの。

うらのページにつづくよ！

3 次の文章を読んで、問題に答えましょう。

教下98ページ1行～99ページ12行

夏になると、庭や公園のすみなどで、ありの行列を見かけることがあります。その行列は、ありの巣（す）から、えさのある所まで、ずっとつづいています。ありは、ものがよく見えません。それなのに、なぜ、ありの行列ができるのでしょうか。

アメリカに、ウイルソンという学者がいます。この人は、次のようなじっけんをして、ありの様子をかんさつしました。

じっけん…じっさいにどうなるのかを知るために、しかけを作ったりしてやってみること。

はじめに、ありの巣から少しはなれた所に、ひとつまみのさとうをおきました。しばらくすると一ぴきのありが、そのさとうを見つけました。これは、えさをさがすために、外に出ていたはたらきありです。ありは、やがて、巣に帰っていきました。すると、巣の中から、たくさんのはたらきありが、次々と出てきました。そして、列を作って、さとうの所まで行きました。ふしぎなことに、その行列は、はじめのありが巣に帰るときに通った道すじから、外れていないのです。

ひとつまみ…手の先でつまんだくらいの分。

〈大滝（おおたき）哲也（てつや）「ありの行列」より〉

(1) はじめの段落（だん）には、「問い」が書かれています。どういう問いですか。次からえらんで、○をつけましょう。 17点

ア（　）ありは、なんのために行列を作るのか。

イ（　）ありの行列は、どこからどこまでつづくのか。

ウ（　）ものがよく見えないありに、なぜ行列ができるのか。

(2) ありの行列は、どのようにしてできましたか。当てはまる言葉を文章中から書きぬきましょう。 24点（一つ6）

はじめに［　　　］を見つけたありが巣に帰った後、はかのたくさんのありが、［　］の中から出てきて、［　　　］のある所まで［　］を作った。

(3) ウイルソンは、じっけんをしてかんさつしたありの行列について、どう思いましたか。思ったことが書かれた文の、はじめの五字を書きましょう。 18点

［　　　　　］

ヒント 3(1) はじめの段落の終わりの一文に注意しよう。

きほんのドリル 38。

つたわる言葉で表そう たから島のぼうけん お気に入りの場所、教えます

時間 15分　合かく80点　／100　答え 95ページ　サクッとこたえあわせ

月　日

◉つたわる言葉で表そう／たから島のぼうけん／お気に入りの場所、教えます

1 次の——線の漢字の読みがなを書きましょう。　12点（一つ3）

①（　　）打つ　②（　　）受ける　③ たから（　　）島　④（　　）強弱

◉つたわる言葉で表そう

2 次の——線の言葉を、意味をかえずにべつの言葉に書きかえるには、［　］のどの言葉を使えばよいですか。記号を書きましょう。　24点（一つ6）

①（　　）とびばこを高くとべたことを、ほこらしく話す。

②（　　）たくさん歩いたので、つかれて元気がない。

③（　　）自転車にぶつかりそうになって、おどろいてしまった。

④（　　）先生にほめられ、はずかしくて顔が赤くなった。

ア はっとして　イ なごんで　ウ くたびれて
エ てれくさくて　オ とくいになって

◉たから島のぼうけん

3 たから島のぼうけん物語のないようを考えるときに、気をつけることについて、（　）に当てはまる言葉を［　］からえらんで、記号を書きましょう。　20点（一つ5）

① ぼうけんをするのは、どんな（　　）か。

② どんな道をえらび、何と（　　）か。

③ どんな出来事（じけん）が起こり、どのように（　　）するか。

④ どんな（　　）を手に入れるか。

⑤ その後、登場人物はどうなるか。

ア 出会う　イ たから物　ウ かいけつ　エ 人物

うらのページにつづくよ！

4 次の発表のれいを読んで、問題に答えましょう。

教 下 119ページ1行～18行

　わたしのお気に入りの場所は、東こうしゃと西こうしゃの間にある中庭です。

　中庭がすきな理由は、二つあります。一つ目は、気持ちのよさです。しばふが植えられているので、夏はすずしく、冬はあたたかく感じます。また、しばふのおかげで転んでもいたくないので、思い切り遊べます。そして、まわりに木や花があるので、きせつを感じることができます。

　二つ目は、思い出の場所だということです。みなさんは、ここで、がっしょうの練習をしたことをおぼえていますか。がっしょう祭に向けて、何度も、ここで練習しましたね。はじめは小さな歌声でしたが、練習を重ねるうちに、遠くまでひびく声が出せるようになりました。本番では、みんなの息がぴったり合い、聞きに来てくれたちいきの方に、「きれいなハーモニーだったよ。」と言ってもらえました。

　このように、中庭は、わたしにとって、お気に入りの場所です。これからも、この中庭でたくさんの時間をすごし、いろいろな思い出を作っていきたいと思います。


〈「お気に入りの場所、教えます」より〉

(1) この文章の組み立ては、どんな順番(じゅん)になっていますか。(　)に1～3の数字を書きましょう。

全部できて14点

①(　　)すきな理由。
②(　　)つたえたいことのまとめ。
③(　　)お気に入りの場所。

(2) 次のないようや発表のくふうのうち、この発表のれいで使われているものには○を、使われていないものには×をつけましょう。

20点(一つ5)

①(　　)理由をのべるときに、さいしょにいくつ理由があるのかを書いている。
②(　　)場面が分かりにくいので、会話文は使わないようにしている。
③(　　)聞く人によびかけるような言葉を使っている。
④(　　)理由を一言でつたえた後で、そのくわしいないようを書いている。

(3) 「思い切り」とにた意味の言葉を次からえらんで、○をつけましょう。

10点

ア(　　)自分勝手に
イ(　　)思うぞんぶん
ウ(　　)思いのままに

ヒント 4(2) 会話文には、「　」が使われます。

まとめのドリル 39 ありの行列 たから島のぼうけん

時間 20分　合かく80点　／100　答え 95ページ　月　日

◎たから島のぼうけん

1 次の文章を読んで、問題に答えましょう。

教 下 114ページ4行～115ページ2行

たから島のぼうけん

北田　直矢

力持ちで、少しそそっかしいそうまと、いつも注意深く行動するゆなは、小さいころからの友だちです。学校にも、毎日いっしょに通っています。

ある朝、いつものように二人が学校へ向かっていると、道に古い地図が落ちていました。

…

ほのおをはく鳥に見とれていたそうまは、何かにつまずきました。そのとたん、ゴーッと地ひびきのような音がしました。そうまは、きょだいなわにのしっぽにつまずいて、ねむっていたわにを起こしてしまったのです。

…

「このつるを使って。急いで。」

そうまは、ゆなが投げた草のつるで、わにの口をぐるぐるとしばりました。二人は、とぶようににげました。

…

〈「たから島のぼうけん」より〉

(1) この文章の登場人物のとくちょうが分かる部分を、それぞれ書きぬきましょう。 20点(一つ10)

そうま（　　　　）

ゆな（　　　　）

(2) 音についてくわしく書かれている部分を十三字でさがし、はじめの五字を書きぬきましょう。 10点

□□□□□

(3) 次のくふうのうち、文章で使われているものには○、使われていないものには×をつけましょう。 24点(一つ8)

①（　）登場人物が話した言葉を入れている。

②（　）登場人物や物を、色を使って表している。

③（　）出来事の様子を、「～ように」などのたとえを使って表している。

うらのページにつづくよ！

2 次の文章を読んで、問題に答えましょう。

教 下 101ページ3行〜102ページ11行

　これらのかんさつから、ウイルソンは、はたらきありが、地面に何か道しるべになるものをつけておいたのではないか、と考えました。

　そこで、ウイルソンは、はたらきありの体の仕組みを、細かに研究してみました。すると、ありは、おしりのところから、とくべつのえきを出すことが分かりました。それは、においのある、じょうはつしやすいえきです。

　この研究から、ウイルソンは、ありの行列のできるわけを知ることができました。

　はたらきありは、えさを見つけると、道しるべとして、地面にこのえきをつけながら帰るのです。ほかのはたらきありたちは、そのにおいをかいで、においにそって歩いていきます。そして、そのはたらきありたちも、えさを持って帰るときに、同じように、えきを地面につけながら歩くのです。そのため、えさが多いほど、においが強くなります。

　このように、においをたどって、えさの所へ行ったり、巣に帰ったりするので、ありの行列ができるというわけです。

〈大滝哲也「ありの行列」より〉

(1) 「考えました」とありますが、ウイルソンがどう考えたかが書かれているところに、——線をつけましょう。 10点

(2) ウイルソンは、(1)で考えたことをたしかめるために、何を細かに研究しましたか。 10点

はたらきありの（　　　　）。

(3) 「とくべつのえき」とありますが、このえきには、どんなとくちょうがありますか。二つに分けて書きましょう。 14点（一つ7）

（　　　　）

（　　　　）

(4) 「ありの行列のできるわけ」とありますが、これは、どのようなことですか。（　）に当てはまる言葉を書きましょう。 12点（一つ4）

えさを見つけると、体から出す（　　　　）を（　　　　）として地面につけながら帰る。

ほかのありたちも、このえきの（　　　　）にそって歩くので、ありの行列ができる。

2 (1) 考えたことを表す文では、「〜ではないか」という言葉などが使われるよ。

きほんのドリル 40。モチモチの木 (1)

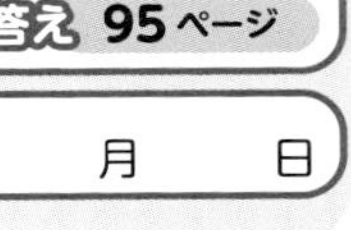

月　日

1 次の──線の漢字の読みがなを書きましょう。　16点(一つ2)

①（　）神様　②（　）二十日　③（　）薬箱　④（　）実

⑤（　）他人　⑥（　）湯　⑦（　）自身　⑧（　）追いかける

2 □に合う漢字を書きましょう。　24点(一つ3)

① □(お)っこちる　② お□(ば)け　③ お□(まつ)り

④ □□(しんぱい)する　⑤ □(ころ)げる　⑥ □□(さかみち)

⑦ □□(いしゃ)　⑧ 雨がふり□(はじ)める。

3 次の文の（　）に合う言葉を、□からえらんで書きましょう。　6点(一つ2)

物語の中で、かぎ(「」)でしめしている登場人物の言葉を（　）といい、他のところを（　）という。

物語の中で、地の文を語る人のことを（　）という。

地の文　会話文　引用　語り手

← うらのページにつづくよ！

4 次の文章を読んで、問題に答えましょう。

教 下 122ページ2行～123ページ11行

全く、豆太(まめた)ほどおくびょうなやつはない。もう五つにもなったんだから、夜中に、一人でせっちん(べんじょのこと)ぐらいに行けたっていい。

ところが、豆太は、せっちんは表にあるし、表には大きなモチモチの木がつっ立っていて、空いっぱいのかみの毛をバサバサとふるって、両手を「わあっ。」とあげるからって、夜中には、じさまについてってもらわないと、一人じゃしょうべんもできないのだ。

じさまは、ぐっすりねむっている真夜中に、豆太が「じさまあ。」って、どんなに小さい声で言っても、「しょんべんか。」と、すぐ目をさましてくれる。いっしょにねている一まいしかないふとんを、ぬらされちまうよりいいからなあ。

それに、とうげのりょうし小屋に、自分とたった二人でくらしている豆太が、かわいそうで、かわいかったからだろう。

けれど、豆太のおとうだって、くまと組みうちして、頭をぶっさかれて死んだほどのきもすけだったし、じさまだって、六十四の今、まだ青じしを追っかけて、きもをひやすような岩から岩へのとびうつりだって、見事にやってのける。

〈斎藤(さいとう) 隆介(りゅうすけ)「モチモチの木」より〉

(1) 「豆太ほどおくびょうなやつはない」とありますが、ここでは、どんなことをあげて、おくびょうだと言っていますか。 10点

(　　　　)

(2) 「空いっぱいのかみの毛をバサバサとふるって、両手を『わあっ。』とあげる」のは、だれ(何)ですか。 10点

(　　　　)

(3) 「ふとんを、ぬらされちまう」とは、何をされることですか。 8点

(　　　　)

(4) 「かわいそう」とありますが、じさまは、豆太のどんなことを「かわいそう」と思っているのですか。 10点

(　　　　)

(5) じさまは何をしている人ですか。四字で書きぬきましょう。 8点

(6) おとうが、おくびょうな豆太とちがって、どんな人だったかを表す言葉を、四字で書きぬきましょう。 8点

4(2) 人ではないものを、人のように表現(ひょうげん)しているよ。

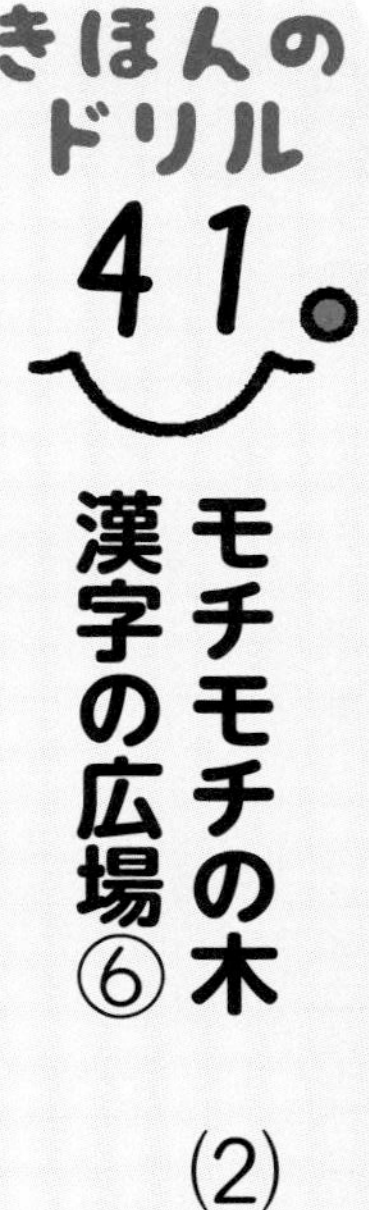

きほんのドリル 41. モチモチの木 (2) 漢字の広場⑥

◉モチモチの木

1 ——線の言葉の意味をえらんで、○をつけましょう。 10点（一つ5）

① いばって、実を落とせとさいそくする。

ア（　）あれこれと多くのことを、相手にもとめること。

イ（　）ゆめのようなことを、相手にもとめること。

ウ（　）早くするようにと、相手にもとめること。

② えだえだの細かいところにまで、灯（ひ）がともる。

ア（　）火や明かりがつくこと。

イ（　）火や明かりが消えること。

ウ（　）火や明かりがついたり消えたりすること。

2 次の文章を読んで、問題に答えましょう。

教 下 124ページ2行～7行

モチモチの木ってのはな、豆太がつけた名前だ。小屋のすぐ前に立っている、でっかいでっかい木だ。

秋になると、茶色いぴかぴか光った実を、いっぱいふり落としてくれる。その実を、じさまが、木うすでついて、石うすでひいてこなにする。こなにしたやつをもちにこね上げて、ふかして食べると、ほっぺたが落っこちるほどうまいんだ。

〈斎藤（さいとう） 隆介（りゅうすけ）「モチモチの木」より〉

(1) 「モチモチの木」という名前は、だれがつけたのですか。 8点

（　　　　）

(2) 「モチモチの木」の実は、どんな実ですか。——線をつけましょう。 10点

(3) なぜ、「モチモチの木」という名前をつけたのだと思いますか。 10点

実が、おいしい［　　］になるから。

◉漢字の広場⑥

3 ——線の言葉を、漢字を使って書きましょう。 12点（一つ3）

・あきに、やまざとをあるくと、きしゃが通った。

［　　］［　　］［　　］［　　］

うらのページにつづくよ！

4 次の文章を読んで、問題に答えましょう。

教下 126ページ3行～127ページ1行

「霜月(しもつき)の二十日のうしみつにゃあ、モチモチの木に灯(ひ)がともる。起きて見てみろ。そりゃあ、きれいだ。おらも、子どものころに見たことがある。死んだおまえのおとうも見たそうだ。山の神様のお祭りなんだ。それは、一人の子どもしか、見ることはできねえ。それも、ゆうきのある子どもだけだ。」

「――それじゃあ、おらは、とってもだめだ――。」

豆太は、ちっちゃい声で、なきそうに言った。だって、じさまもおとうも見たんなら、自分も見たかったけど、こんな冬の真夜中に、モチモチの木を、それも、たった一人で見に出るなんて、とんでもねえ話だ。ぶるぶるだ。

木のえだえだの細かいところにまで、みんな灯がともって、木が明るくぼうっとかがやいて、まるでそれは、ゆめみてえにきれいなんだそうだが、そして、豆太は、「昼間だったら、見てえなあ――。」と、そっと思ったんだが、ぶるぶる、夜なんて考えただけでも、おしっこをもらしちまいそうだ――。

〈斎藤(さいとう) 隆介(りゅうすけ)「モチモチの木」より〉

(1) 「おらも、子どものころに……おまえのおとうも見たそうだ。」について、答えましょう。

① 「おら(じさま)」と「おとう」が見たものはなんですか。 10点

(　　　　)

② 二人が①を見ることができたのは、どんな子どもだったからですか。 10点

(　　　　)

(2) 「――それじゃあ、おらは、とってもだめだ――。」について、答えましょう。

① 豆太は、どんな声で、どのように言いましたか。 12点

(　　　　)

② 豆太は、なぜそう言ったのですか。次からえらんで、○をつけましょう。 18点

ア(　) 夜おそくまで起きているのが苦手だから。

イ(　) じさまといっしょに見たかったから。

ウ(　) 自分は、おくびょうだと思っていたから。

ヒント 4(2) 豆太は、真夜中に一人で見に出るなんて、ぶるぶるだと思っているよ。

まとめのドリル 42 モチモチの木 漢字の広場⑥

◉モチモチの木

1 次の□に合う漢字を書きましょう。 21点（一つ3）

① 月の□(あ)かり。
② □□(くすりばこ)
③ □(ゆ)をわかす。
④ □(お)いはらう
⑤ 木の□(み)。
⑥ □□(かみさま)
⑦ □□(こんや)のおかず。

2 ――線の言葉の意味をえらんで、○をつけましょう。 6点（一つ3）

① 豆太ほどおくびょうなやつはいない。
ア（　）よく考えて、なかなか行動にふみきれないせいしつ。
イ（　）ちょっとしたことでもこわがり、びくびくするせいしつ。
ウ（　）物事に進んで向かっていくせいしつ。

② つなわたり名人が落ちそうになり、きもをひやす。
ア（　）気持ちを強くもって、ちょうせんする。
イ（　）きけんを感じて、ひやっとする。
ウ（　）不安で、心細くなる。

◉漢字の広場⑥

3 ――線の言葉を、漢字を使って書きましょう。 16点（一つ2）

① はれの日に、のはらでおひるごはんをたべる。

□□□□

② ふゆによぞらを見上げると、ほしのようにゆきが光っていた。

□□□□

うらのページにつづくよ！

4 次の文章を読んで、問題に答えましょう。

教 下 128ページ7行～130ページ6行

「医者様をよばなくっちゃ。」

豆太(まめた)は、小犬みたいに体を丸めて、表戸を体でふっとばして走りだした。

ねまきのまんま。はだしで。半道(はんみち)もあるふもとの村まで――。

外はすごい星で、月も出ていた。とうげの下りの坂道は、一面の真っ白い霜(しも)で、雪みたいだった。霜が足にかみついた。足からは血が出た。豆太は、なきなき走った。いたくて、寒くて、こわかったからなあ。

でも、大すきなじさまの死んじまうほうが、もっとこわかったから、なきなきふもとの医者様へ走った。

これも、年よりじさまの医者様は、豆太からわけを聞くと、

「おう、おう――。」

と言って、ねんねこばんてんに薬箱と豆太をおぶうと、真夜中のとうげ道を、えっちら、おっちら、じさまの小屋へ上ってきた。

とちゅうで、月が出てるのに、雪がふり始めた。この冬はじめての雪だ。豆太は、そいつをねんねこの中から見た。

そして、医者様のこしを、足でドンドンけとばした。じさまが、なんだか死んじまいそうな気がしたからな。

豆太は、小屋へ入るとき、もう一つふしぎなものを見た。

「モチモチの木に、灯(ひ)がついている。」

〈斎藤(さいとう) 隆介(りゅうすけ)「モチモチの木」より〉

(1) 医者様をよびに出た豆太のいきおいを表す文に、――線をつけましょう。 7点

(2) 「村まで――。」の「――」には、どんな言葉が入りますか。 10点

（　　　）

(3) 「霜が足にかみついた。」とは、どういう様子だと考えられますか。次からえらんで、○をつけましょう。 10点

ア（　）足に霜がついて、つめたくていたい様子。

イ（　）霜が足に乗って重い様子。

ウ（　）霜が追いかけてくる様子。

(4) 「いたくて、寒くて、こわかったからなあ」とありますが、おくびょうな豆太が、それでも走りつづけたのはなぜですか。 10点

（　　　）

(5) 「ふしぎなもの」を、二つ書きましょう。 20点（一つ10）

（　　　）

（　　　）

ヒント 4(4) 後の部分に、走りつづけた理由が書かれているよ。

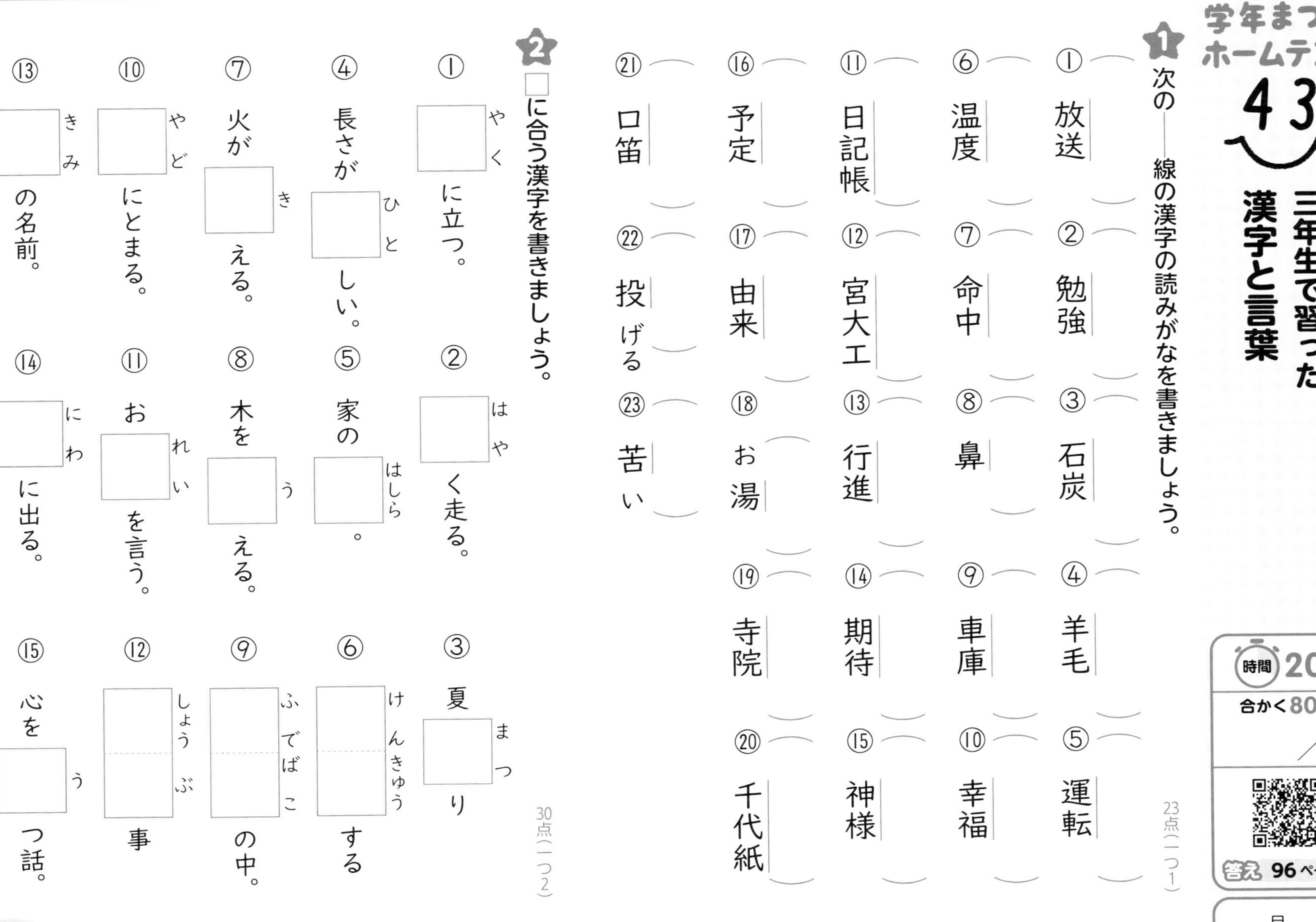

学年まつのホームテスト

43. 三年生で習った漢字と言葉

時間 20分　合かく80点　／100

答え 96ページ

月　日

1 次の――線の漢字の読みがなを書きましょう。 23点(一つ1)

① 放送（　）
② 勉強（　）
③ 石炭（　）
④ 羊毛（　）
⑤ 運転（　）
⑥ 温度（　）
⑦ 命中（　）
⑧ 鼻（　）
⑨ 車庫（　）
⑩ 幸福（　）
⑪ 日記帳（　）
⑫ 宮大工（　）
⑬ 行進（　）
⑭ 期待（　）
⑮ 神様（　）
⑯ 予定（　）
⑰ 由来（　）
⑱ お湯（　）
⑲ 寺院（　）
⑳ 千代紙（　）
㉑ 口笛（　）
㉒ 投げる（　）
㉓ 苦い（　）

2 □に合う漢字を書きましょう。 30点(一つ2)

① □(やく)に立つ。
② □(はや)く走る。
③ 夏□(まつ)り
④ 長さが□(ひと)しい。
⑤ 家の□(はしら)。
⑥ □□(けんきゅう)する
⑦ 火が□(き)える。
⑧ 木を□(う)える。
⑨ □□(ふでばこ)の中。
⑩ □(やど)にとまる。
⑪ お□(れい)を言う。
⑫ □□(しょうぶ)事
⑬ □(きみ)の名前。
⑭ □(にわ)に出る。
⑮ 心を□(う)つ話。

うらのページにつづくよ！

3 ——線の言葉を、国語辞典の見出し語としてのっている形に直しましょう。

15点（一つ3）

① 今日は一日中よく晴れた。（　　）

② ぼくが走ったら、五分で着く。（　　）

③ 今日はお日様が明るくて、気持ちがいい。（　　）

④ おだやかな波がよせては返す。（　　）

⑤ 天気がよくなければ、遠足はとりやめる。（　　）

4 次の——線のこそあど言葉は、どんな場合に使うものですか。［　］からえらんで、記号で書きましょう。

16点（一つ4）

①（　　）すみませんが、それを取ってください。

②（　　）あれがふじ山です。

③（　　）あなたはどれがすきですか。

④（　　）これは、どこにおいたらよいでしょう。

ア　話し手に近い場合。
イ　相手に近い場合。
ウ　話し手からも相手からも遠い場合。
エ　指しめすものがはっきりしない場合。

5 次の文の中の修飾語に——線をつけましょう。修飾語は、一つとはかぎりません。

16点（それぞれ全部できて一つ4）

① ぼくは、去年、遠足で　さくらを　見た。

② バナナは、わたしの　こうぶつです。

③ 花だんの　花が、とても　きれいです。

④ 坂道を　ゆっくり　のぼった。

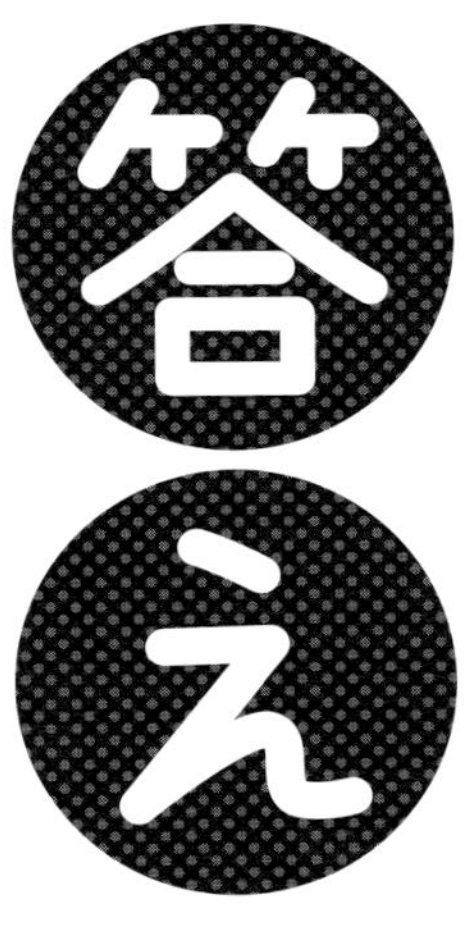

●ドリルやホームテストが終(お)わったら、答え合わせをしましょう。
●まちがっていたら、かならずもう一度(ど)やり直しましょう。考え方も読み直しましょう。

1 かん字のふくしゅう　1～2ページ

1 ①高い　②強い　③弱い　④同じ　⑤長い　⑥首　⑦黄色　⑧広げる　⑨羽　⑩万円　⑪少ない　⑫売る　⑬馬

2 ①二頭　②時間　③多い　④買う　⑤門　⑥地図　⑦行く　⑧方角　⑨元気　⑩止まる　⑪心細い　⑫太い　⑬親友

3 ①会う　②通る　③谷　④弓矢　⑤当たる　⑥戸　⑦岩　⑧丸い　⑨光る　⑩引く　⑪帰る　⑫日曜日　⑬朝　⑭顔　⑮室内

4 ①東京　②妹　③半分　④来る　⑤午後　⑥午前　⑦何回　⑧外　⑨肉　⑩日記　⑪番組　⑫姉　⑬毎日　⑭楽しみ　⑮小刀

2 かん字のふくしゅう　3～4ページ

1 ①北　②台　③公園　④寺　⑤活気　⑥市場　⑦点数　⑧新しい　⑨線　⑩古い　⑪交番　⑫西　⑬走る

2 ①広場　②南　③家　④自分　⑤音楽　⑥国語　⑦聞く　⑧電　⑨新聞　⑩会社　⑪計算　⑫歌声　⑬黒

3 ①絵　②理科　③切る　④考える　⑤算数　⑥知る　⑦教える　⑧回　⑨工作　⑩読書　⑪合い　⑫晴れ　⑬野原　⑭昼　⑮食べる

4 ①歩く　②秋　③雪　④春　⑤夏　⑥冬　⑦汽車　⑧遠い　⑨山里　⑩魚　⑪麦茶　⑫星　⑬夜空　⑭海　⑮体

3 きほんのドリル　5～6ページ

1 ①し　②がくしゅう　③ことば　④たび　⑤も　⑥ちゃくもく　⑦すす　⑧くうき　⑨ふたり　⑩とうじょうじんぶつ

2 イ

3 ①ウ　②イ　③エ　④ア

4 スキップ(をしながら帰りました)

5 (1)つるつる
(2)れい　たおれた。[たおれちゃった。]
(3)イ

考え方

4 「さいこうの一日」といううれしい気持ちが、スキップにあらわれています。

5 (3)「！」は、おどろきなどをあらわすときにつかわれます。

4 きほんのドリル　7～8ページ

1 ①はじ　②うご　③ふか　④ようす　⑤ばめん　⑥おうごん　⑦きょう　⑧ものがたり

2 ①ア　②イ　③ア

3 イ→ウ→ア

4 (1)しげみ
(2)ア・ウ
(3)れい　ノノンが、こんなにかすか

なにおいに気づいていたと分かったから。

(4) れい （だんだん）つかれてきてしまった。

(5) れい ルウが知っているいつものノンノンとは，べつのりすのようだと思った。

考え方

4 (2)つづく文のにおいについてのひょうげんにちゅういしましょう。

(3)すぐ前の「　」は，ルウの心の中の言葉です。

5 きほんのドリル　9～10ページ

1 ①ばんごう　②つか　③しら
④としょかん　⑤あたた　⑥もんだい
⑦いみ　⑧へいき　⑨みずうみ
⑩かんじ　⑪じゆう　⑫ざけ
⑬はっぱい　⑭ぶんしょう　⑮と
⑯にんぎょう

2 ①7　②2　③8　④9

3 （それぞれ順(じゅん)に）①長い・首
②高い・強い・弱い・同じ

4 （順に）エ・ア・イ

5 (1)みどり
(2)（順に）かくれ・こえ

考え方

2 図書館の本は，ないようごとに，番号に分けてならべられています。

5 (2)みどり色にあふれた春の野山の中にすがたがかくれているので，「みどりの　ことり」とあらわされています。

6 まとめのドリル　11～12ページ

1 ①ひらく　②こめる　③しずか
④いそがしい

2 ①ア　②イ

3 ①ア　②ア　③イ　④ア　⑤ア

4 （それぞれ順に）①門・羽・広げた
②時間・売店・一万円・買う

5 (1)・きれいだなあ
・いつか行ってみたいなあ
（順番はちがっていても正かいです。）
(2)ノンノンとい
(3)ア

考え方

3 見出し語は五十音順にのっています。
①「あおい」と「あかい」のように，一字目が同じ字のときは，二字目は五十音順でどちらが先かをくらべます。
④かたかなで書く言葉で，のばす音をあらわす「ー」があるものは，「カード」は「かあど」，「シール」は「しいる」，「スープ」は「すうぷ」のように，「あ・い・う・え・お」におきかえて考えます。⑤せい音（「は」「き」など），だく音（「ぶ」「じ」など），半だく音（「ぷ」「ぽ」など）の順にならんでいます。

5 (3)ルウの，うっとりとした，しあわせな気持ちが，「さわやかなかおり」という言葉にあらわされています。

おうちのかたへ
分からない漢字や言葉が出てきたら，国語辞典を使うようにしましょう。言葉の意味を予想してから，辞典で確かめるとよいでしょう。

7 きほんのドリル　13～14ページ

1 ①お　②あいて　③できごと　④き
⑤ようふく　⑥つぎ　⑦ところ
⑧きょく　⑨けんどう　⑩ゆうめい
⑪こおり　⑫びょう　⑬のうか

⑭しごと　⑮やきゅう　⑯かあ

2
①音…コク　訓…くに
②音…チョウ　訓…あさ
③音…キュウ　訓…たま
④音…ヨウ　訓…は
⑤音…ショ　訓…ところ
⑥音…ユウ　訓…とも

3 (順に)光る・弓矢・帰る

4 (1)①オ　②ア　③イ
(2) れい プックンは、どのくらいの大きさですか。
(3) とくに、えさを食べているところがかわいくて、大すきです。

考え方

4 (2)「どのくらいの大きさのクマノミをかっているのですか。」なども正しい答えとします。
(3)「プックンのえさの食べ方がかわいい」ということにきょうみをもっているので、それが分かる文に——線をつけます。

8 まとめのドリル　15～16ページ

1
①音…シン　訓…こころ
②音…シ　訓…×
③音…ゲン　訓…はら

2 (それぞれ順に)①あい・そう
②がく・たの

3 (順に)丸い・岩・当たる

4 ①ウ　②イ　③ア

5 (1)イ
(2) れい 田うえをしていた人は何人でしたか。

6 ① れい あのねこ、かわいかったね。
② れい わたしも、あんなかばんがほしいなあ。

考え方

5 (1)物事の様子や、やり方をくわしくたずねるときは、「どのように」や「どんなふうに」を使ってしつもんします。
(2)「何人で田うえをしていたのですか。」なども正しい答えとします。

6 絵の中の言葉から、二人がそれぞれ何をかわいいと言っていたのかが分かるので、それを入れて書き直します。②は「わたしも、かわいいかばんがほしいなあ。」なども正しい答えとします。

9 きほんのドリル　17～18ページ

1 ①あそ　②ぜんたい　③あらわ
④せかい　⑤むかし　⑥よこ　⑦ゆび
⑧てつ　⑨あんてい　⑩はや
⑪おこな　⑫じょうず

2 ①ア　②イ

3 それでは、学校のみんなで……、どうしたらよいでしょうか。

4 (1)こまを回して遊ぶこと。
(2)しゅるい
(3)イ・ウ
(4)回す速さ
(5)・では、どんなこまがあるのでしょう。
・また、どんな楽しみ方ができるのでしょう。

考え方

3 この文章では、さい後の「問い」の文が、話の中心です。

4 (1)「どのようなことですか」ときかれたときは、「こと」でおわるように答えましょう。
(2)「日本は、世界でいちばんこまのしゅるいが多い国」だと書かれています。
(3)「回っているときの色を楽しむこま」

「元の色とちがう色にかわるのがとくちょう」と書かれています。

(4)さい後の文に書かれています。

(5)「文」とあるので、文のはじめからおわりまで、――線をつけましょう。

10. きほんのドリル 19〜20ページ

1 ①うんどう　②よてい　③おく
④じゅうしょ

2 (順(じゅん)に)妹・人形

3 ①ア　②イ　③ウ　④イ

4 (1)①さか立ちごま　②たたきごま
(2)①ボールのような丸い
②細長い
(3)ア2　イ1　ウ3
(4)(順に)どうの下のぶぶん・むち

考え方

4 (1)さいしょの段(だん)落は「さか立ちごまは」、二つ目の段落は「たたきごまは」とはじめに書いてあります。

(2)①は、「ボールのように丸い。」なども、正しい答えとします。

(3)「はじめは〜」「だんだん〜」「そして、さいごは〜」と書かれています。

(4)「どこ」「何」に当たる部分を書きぬきましょう。「どうの下のぶぶんをむちでたたいて」とあります。

11. まとめのドリル 21〜22ページ

1 ウ

2 (1)①イ　②ア　③ウ
(2)ウ

3 (1)イ
(2)れい (雪の)小さなくぼみ(の中)。
(3)ア
(4)じくを中心にバランスをとりながら回るというつくり。

(5)回る様子・回し方

考え方

2 (2)手紙で一番つたえたいことは、②の部分に書きます。

3 (1)「ふつうのこまは、心ぼうが細いので、雪の上で回すことはできません。」とあります。

(2)「雪に作った小さなくぼみ。」などでも正しい答えとします。

(5)つくりにくふうをくわえることで、回る様子や回し方がかわり、楽しみ方もちがってきたのです。

おうちの方へ
手紙を書くことは少なくなりましたが、暑中見まいや年賀状など、自分で書く練習をしておくとよいでしょう。

12. きほんのドリル 23〜24ページ

1 ①かん　②ぐ　③さか　④む
⑤ひめい　⑥かいがん　⑦ろせん
⑧ひろ

2 ①ウ　②ア　③イ

3 エ→ア→イ→ウ

4 (1)かわいいうさぎ
(2)ウ
(3)ヤブガラシ
(4)(順に)・れい 大きい
・れい まいている
(5)(「)落とし物かな。(」)

考え方

4 (2)つけ足したうさぎを、友だちにくすくすわらわれたことがはずかしくなって、うさぎをけしました。りいこは、頭の中にいたはずのうさぎまでどこにもいなくなった気がして、「わるいことをしたなあ」と思ったのです。

(4)「まいている」は「まいています」なども、正しい答えとします。

13. きほんのドリル 25ページ

❶ ①たいよう ②くぎ ③いちぶ ④ひがし ⑤ととの ⑥ちょうし ⑦か ⑧のぼ

❷ ①しずかさや　いわにしみいる　せみのこえ
②なのはなや　つきはひがしに　ひはにしに
③ゆきとけて　むらいつ(っ)ぱいの　こどもかな

❸ あたまを雲の　上に出し　四方の山を　見おろして

考え方
❸ すべてひらがなに直し、何音(おん)でできているか数えましょう。

14. きほんのドリル 26ページ

❶ ①およ ②じょげん ③どうわ ④れんしゅう

❷ ①それ ②どこ ③この ④あれ

❸ ①○ ②× ③○

考え方
❸ ②引用するときは、もとの文章をそのままぬき出します。

15. きほんのドリル 27~28ページ

❶ ①しょくひん ②しょうひん ③ぎんこう ④ふつか ⑤ことし ⑥もうひつ ⑦きょねん ⑧きゃく ⑨にゅうがくしき ⑩くとうてん ⑪おとな ⑫にばい

❷ ①イ ②ウ ③エ ④オ ⑤ア

❸ (順(じゅん)に)ウ・ア・エ・イ

❹ (1)ア
(2)ウ
(3)「おすすめ(~)せます。」
(4)商品をおく場所や広さを考えていること。

考え方
❹ (3)人の会話を引用するときは、かぎ(「」)をつけます。かぎは、本から引用するときや書名にもつけます。
(4)「……に、おどろきました。」と書かれています。

16. まとめのドリル 29~30ページ

❶ ①公園
②まっ白な大きな犬
③アップルジュース

❷ (1)「この本を読むといいよ」
「ナイチンゲールの一生」
「読んでよかったなあ」
(2)ウ
(3)①2さつ ②一生

❸ (1)緑色のベンチの手すり
(2)[れい] このかぎが入るかもしれない
(3)(順に)・[れい] せなかをそらした
・[れい] そのままねいきを立て始めた
(4)ア

考え方
❷ (1)「　」は、会話、書名、思ったことなどをしめすのに使います。

❸ (2)後の部分でかぎを回しているので、「かぎが入れられるかも」ということが書けていれば正しい答えとします。
(3)「せなかをそらしました。」「そのままねいきを立て始めました。」などでも、正しい答えとします。
(4)りいこがかぎをぬきとったので、ねていたベンチはおこされてしまったのです。「うらめしそうにふりかえって」

いることから、ペンチは、もっとねていたかったことが分かります。

17. きほんのドリル　31〜32ページ

1 ①しょくぶつ　②あつ　③あら　④かせき　⑤し　⑥つごう　⑦じめん

2 ①ウ　②イ　③ア　④エ

3 ①イ　②ア

4 ア・オ

5 (1)あなたは、きょうりゅうの化石を見たことがありますか。

(2)大きさ

(3)[れい] とてもあたたかかったから。

(4)・植物
・ほかのきょうりゅう
（順番はちがっていても正かいです。）

(5)・かたいうろこ
・ふさふさとした羽毛
（順番はちがっていても正かいです。）

考え方

5 (1)「見たことがありますか。」と、問いかけています。

(3)理由をきかれているので、「〜から。」などを使って答えましょう。

(4)さい後の段落に着目しましょう。きょうりゅうには、「植物を食べるもの」や「ほかのきょうりゅうをおそって食べる肉食のもの」などがいました。

18. まとめのドリル　33〜34ページ

1 (1)①△　②○
(2)①ウ　②オ
(3)①87　②99

2 (1)なぜ、鳥たちは、このように小さくなったのでしょう。

(2)鳥ときょうりゅう。

(3)・[れい] 空をとぶには、小さくてかるい体のほうが都合がいいから。
・[れい] 小さければ食べ物が少なくてすむから。
（順番はちがっていても正かいです。）

(4)きょうりゅうの色

(5)③

考え方

2 (1)②段落の「なぜ、……のでしょう。」は、理由を問いかけています。

(5)②段落の問いにたいする答えを、次の③段落で「それは、……からです。また、……。」とのべています。

おうちの方へ

新しい知識や、今まで知らなかったことに出会えるので、いろいろな種類の本を読むとよいでしょう。知りたいことがあるときは図鑑を見ますが、目次やさくいんを使うと、目的のページを早く見つけられます。

19. 夏休みのホームテスト　35〜36ページ

☆1 ①ついたち　②ちょうし　③きんじょ　④ふたり　⑤ちゅうしん　⑥そうちょう　⑦はっけん　⑧かなぐ　⑨かよ　⑩は　⑪ほどう　⑫いんよう　⑬せいてん　⑭どうじ　⑮ちょくせん　⑯せいり　⑰くぎ　⑱れんしゅう　⑲ぜんたい　⑳きょねん　㉑まる　㉒かあ　㉓は　㉔にゅうがくしき

☆2 ①開　②深　③持　④昔　⑤局　⑥緑　⑦秒　⑧拾　⑨対　⑩向　⑪坂　⑫悲　⑬申　⑭客　⑮氷

☆3 ①ア3　イ2　ウ1　エ4

②ア2　イ1　ウ4　エ3
③ア2　イ3　ウ4　エ1
④ア1　イ3　ウ2
⑤ア1　イ3　ウ2

4
①日本はまわりを海にかこまれた国です。
②動物園で、さる・きりん・ぞうなどを見た。
③弟は、犬のことを「わんわん」と言います。

5
①音(おん)…ゆう　訓(くん)…あそ(び)
②音…ひつ　訓…ふで
③音…らく　訓…お(ち)・お(とし)
④音…しゅ　訓…さけ・さか
(④の訓は、順(じゅん)番がちがっていても正かいです。)

おうちの方へ
この回では、4月から7月に習った漢字と言葉を出題しています。夏休みの間に、習った漢字の復習をしておくとよいでしょう。

20 きほんのドリル　37～38ページ

1 ①りょうて　②ま

2
(1)①れい　空をとべる。
②れい　地面をはやく走れる。
(2)①れい　きれいな音がでる[鳴る]。
②れい　たくさんうたを知っている。
(3)三

3
(1)太陽[夕日]
(2)①夕日(が)・ぼくら(に)
②ぼくら(が)・夕日(に)
(3)ア
(4)ア

考え方
2 (3)おわりの二行（三連(れん)目）が言いたいことです。

3 (2)①では、前の部分で「ぼくらのうしろから」とあるので、よびかけているのが「夕日」、よびかけられているのが「ぼくら」です。②では「さよなら太陽」とあるので、「ぼくら」が「夕日」によびかけています。
(4)人ではない夕日を、人のように「おしてくる」「よびかける」と表しています。

21 きほんのドリル　39～40ページ

1 ①かかり　②ぜんいん　③まつ
④てっぱん　⑤でんちゅう
⑥のうさぎょう　⑦かいこう
⑧ゆでん　⑨めぐすり　⑩くさぶえ
⑪ちゅうい　⑫わるもの　⑬しょうぶ
⑭しゃこ　⑮べんきょう　⑯ほうそう

2 (1)(順に)ウ・ア　(2)イ

3 (1)ウ　(2)イ　(3)ア

4 イ

5
(1)
①でんしゃ
②ちゃわん
③kingyo

(2)
①おとうさん
②おねえさん
③onîsan

(3)
①きって
②ばった
③asatte

(4)
①ぜんいん
②こんや
③han'i

考え方
5 のばす音やつまる音、小さい「ゃ」「ゅ」「ょ」など、ローマ字の決まりに気をつけて書きましょう。

22 まとめのドリル 41～42ページ

1 ①イ ②エ ③ア ④ウ
2 ①ウ ②エ ③イ
3 ①イ ②ウ ③ア
4 ①エ ②ア ③ウ
5 ①あめ ②かき ③さる ④たね ⑤のり
6 (1)
①とうきょう
②こうべし
③いのうえかずこ
④Aomori
[AOMORI]
⑤Gunma
[GUNMA]
(2)
①しま
②まち
③tsuru
④fune

考え方
1 すべて漢字の左がわにある「へん」のなかまです。

おうちの方へ
学校ではコンピュータを使った授業があり、キーボードでローマ字入力をすることが必要になっています。ローマ字のルールをしっかりと覚え、身の回りの言葉から読んだり、書いたりしてみましょう。

23 きほんのドリル 43～44ページ

1 ①かんそう ②れっしゃ ③しゃしん
④ち ⑤あつ ⑥さむ ⑦はし
⑧あき ⑨かる ⑩いのち
⑪だいいち ⑫くら
2 ①ア ②ウ ③イ ④ア
3 (1)①れい 十、数える間、かげぼうしをじっと見つめる。
②れい かげぼうしが、そっくり(空に)うつって見える。
③れい (お父さんが)出征する前の日、(家族で)先祖のはかまいりに行った帰り道。
④子どものときに、よく遊んだ
(2)ちいちゃんとお兄ちゃんを……目を落としました。

考え方
3 (1)③「出征」の前の日は、このように家族や先祖のことを思いながらすごしたのでしょう。
(2)これは、家族四人ですごした日の、かげおくりの様子です。お父さんが出征してからは、お兄ちゃんと二人でやるようになり、さい後は、ちいちゃんが一人でやることになります。

24 きほんのドリル 45～46ページ

1 ①きゅうしゅう ②しゅご ③かえ
④しんまい ⑤やね ⑥にもつ
⑦まも ⑧やく
2 ①イ ②ア ③ウ
3 (1)声
(2)ウ

4 (1)いくさ

(2)①体の弱いお父さんまで、いくさに行かなければならないなんて。

②イ・エ

(3)この町の空にも、……とんでくるようになりました。

(4)かげおくり

考え方

3 (2)「秋の夜長を　鳴き通す」とあります。「夜長」は、長い夜の間のことです。

4 (1)お母さんは、「お父さんまで、いくさに行かなければならない」と言っています。列車にのって、いくさに行こうとしているのです。

(2)②「ぽつんと」は、小さい声でつぶやく様子を表します。体が弱いのにいくさへ行くお父さんのことがとても心ぱいなのですが、大きな声で言うことはできないのです。

(3)ちいちゃんの住む町は、へいたいがたたかうところではありませんでしたが、そういうところにもばくだんが落とされました。

25 きほんのドリル　47～48ページ

1 ①ウ　②ア・エ　③イ

（②順番はちがっていても正かいです。）

2 (1)イ

(2)ウ

3 (1)イ

(2)(順に)げき・一年生が楽しめる出来事かどうか

(3)ウ

考え方

3 (2)この前の原さんと北田さんの発言は、そのお話のげきをしたことがあるというものです。話し合いの目的は、「一年生が楽しめる出来事かどうか」です。

(3)水野さんは、「さんせいです」と言った後で、「たんたのたんけん」のいいと思うところをあげています。

26 まとめのドリル　49～50ページ

1 ①写真　②屋根　③荷物

2 ①書いた　②赤ちゃんが

③見ました

3 (1)はす向かいのうちのおばさん。

(2)イ

4 (1)ふらふらする足

(2)ちいちゃん

(3)お父ちゃん・お母ちゃん・お兄ちゃん(順番はちがっていても正かいです。)

(4) れい 死んでしまった(こと)。

考え方

3 (2)お母さんもお兄ちゃんも、どこにいるのか分からなくて、ふあんなのです。

4 (1)食べ物もろくに食べていないため、力が入らず、足がふらふらするのです。

(2)・(3)お父さんがいくさに行く前に家族四人でやったかげおくりを、ちいちゃんは思い出して、やろうとしています。でも今は、たった一人なのです。

27 きほんのドリル　51～52ページ

1 ①だいず　②ひっしゃ　③そだ

④しょうか　⑤と　⑥じき　⑦お

⑧はたけ

2 ①ア　②ウ　③ウ　④イ　⑤ア

3 (1)ざいりょう

(2) れい 食べている。

(3) れい 大豆は、いろいろな食品にすがたをかえていることが多いから。

(4)ダイズという植物のたね。

(5)えだについたさや(の中)。

(6)れい かたい大豆は、そのままでは食べにくく、消化もよくないから。

考え方

3 (4)わたしたちが豆として知っているのが、「大豆」です。大豆は、「ダイズ」という植物のたねです。

(6)おいしく食べるためには、かたい大豆をやわらかく調理しなければならなかったのです。

28 きほんのドリル 53~54ページ

1 ①ふく ②く ③たしよう ④いそ ⑤お ⑥ま ⑦そうだん ⑧もくじ

2 (順に)イ・ウ・ア

3 ①ア ②ウ ③イ

4 ①イ ②ア

5 (1)二つ目…次に 三つ目…さらに

(2)シチュー・グラタン

(順番はちがっていても正かいです。)

(3)このように

考え方

2 「はじめに」「次に」などの言葉を入れると、読む人や聞く人が順を追ってとらえやすくなります。

5 (1)「そのままのお場合」「料理に使う場合」「牛乳から作られた食品」について、順にせつめいしています。

(3)三つに分けてせつめいした後、それらについてまとめています。

29 きほんのドリル 55ページ

1 ①いいんかい ②ちゅうおう ③しょうわ ④たんか

2 ①鼻 ②歯

3 (1)①階 ②回

(2)①記者 ②汽車

4 (それぞれ順に)

①家・天文台・走る

②自動車・南・市場

30 きほんのドリル 56ページ

1 (それぞれ順に)

①あきさぬと めにはさやかに みえねども かぜのおとにぞ おどろかれぬる

②あきかぜの ふきにしひより おとわやま みねのこずえも いろづきにけり

③おくやまに もみじふみわけ なくしかの こえきくときぞ あきはかなしき

31 まとめのドリル 57~58ページ

1 ①さる・ア ②犬・イ ③山・ウ

2 ①強化 ②大事

3 (順に)東・古い・寺

4 (1)いる・にる(順番はちがっていても正かいです。)

(2)れい (大豆を)水につけてやわらかくする。

(3)れい (大豆を)いる。

(4)れい 大豆を(一ばん水にひたし、なめらかになるまで)すりつぶしたもの。

(5)れい (大豆からしぼり出した)しるをかためるはたらき。

(6)れい ナットウキンという、目に見えない小さな生物。

考え方

4 (4)「これ」は、こそあど言葉です。前にせつめいされている、すりつぶされた大豆を指ししめしています。

(5)大豆のしぼりじるににがりをくわえると、「かたまって、とうふになります」と書いてあります。

おうちの方へ

1 ①・②のように動物の出てくることわざには、他にも「虎の威を借る狐」「立つ鳥跡を濁さず」「雀百まで踊り忘れず」など、いろいろなものがあります。自分でも調べてみるとよいでしょう。

32. きほんのドリル　59～60ページ

1 ①いき　②ころ　③いしゃ　④の
⑤おも　⑥いちど　⑦しあわ
⑧うつく　⑨びょうき　⑩しんぱい
⑪こうりゅう　⑫すいぞくかん

2 ①イ　②エ　③ア　④ウ

3 (順に)エ・イ・ウ・ア

4 (1)白いすすきの光るころでした。
(2)[れい]　こしを下ろして休んではいられないということ。
(3)日がくれる
(4)三年とうげで　転んだならば、三年きりしか　生きられぬ。

考え方

4 (1)「すすき」は、秋の植物です。
(2)こしを下ろしてひと息入れていたおじいさんの言葉です。「ひと息入れる」は「ひと休みすること」です。「のんびりしてはいられない」「ながめに見とれてはいられない」など、同じような意味であれば、正しい答えとします。
(4)三年とうげで転んだおじいさんは、自分が三年しか生きられないと思っているのです。文中の空きはなくてもかまいません。

33. まとめのドリル　61～62ページ

1 ①息　②美　③医者　④飲　⑤重
⑥心配　⑦幸

2 ①ウ　②イ　③ア　④ア

3 (1)[れい]　三年とうげで、もう一度転ぶように。
(2)ウ
(3)[れい]　おじいさんにもっと早く死んでほしい
(4)(順に)イ・ア

考え方

3 (3)おじいさんに「わしに、もっと早く死ねと言うのか。」ときかれて、「そうじゃない」と答えています。
(4)「三年だけしか生きられない」のではなく、「転ぶたびに三年多く生きられる」と考えたのです。

34. 冬休みのホームテスト　63～64ページ

1 ①でんぱ　②きゅうじつ　③とけい
④うんかい　⑤しんせつ　⑥かんち
⑦ばいばい　⑧こうだい　⑨まぢか
⑩にゅうりょく　⑪ふうせん
⑫きしゃ　⑬あす　⑭へや　⑮かわ
⑯がっきゅう　⑰ま　⑱さぎょう
⑲けさ　⑳おそ　㉑にかい　㉒さら
㉓とう　㉔だいず

2 ①祭　②駅　③暑　④急　⑤終　⑥血
⑦暗　⑧薬　⑨寒　⑩起　⑪返　⑫守
⑬軽　⑭命　⑮美

3 ①亻・にんべん　②糸・いとへん
③頁・おおがい

4 ①ぴかぴかに　②うちの
③冬休みに　ねんがじょうを

5 ①りんご　②きしゃ　③おかあさん
④きっぷ　⑤こんや　⑥みち

⑦がっきゅう

6

① niwa　② kyonen　③ otôto　④ koppu　⑤ zen'in

⑥ sima [shima]　⑦ huro [furo]

35 きほんのドリル 65~66ページ

1 ①ま　②みやだいく　③いっちょう
④じいん　⑤れい　⑥はんたい
⑦せきたん　⑧の

2 ①ウ　②イ　③ア

3 (それぞれ順(じゅん)に)
①図画工作・画用紙・切る
②社会・新聞・知る

4 (それぞれ順に)①そう・はし
②よう・ひつじ　③せん・ち

5 (1)ア
(2)八
(3)たのしい

考え方
5 (1)この詩では、文字が階だんのようにならべられています。

36 まとめのドリル 67~68ページ

1 (1)イ
(2)・あたらしいあたし
・あたしらしいあたし
(順番はちがっていても正かいです。)

2 (それぞれ順に)①やど・しゅく
②しょう・か　③とう・な

3 (それぞれ順に)
①国語・話し合い・発言・聞く
②算数・計算・黒板・教える

4 (1)ウ
(2)・とおく↔ちかく　・いま↔むかし
・すき↔きらい
(順番はちがっていても正かいです。)
(3)だいすき

考え方
1 (1)「あした」「あたし」「あたらしい」「あたしらしい」という、にたような言葉を何度も使い、声に出して読むとおもしろくなるくふうをしています。
4 (1)行のさいしょの字を右から左に読むと、「ことばだいすき」という言葉がかくれています。

37 きほんのドリル 69~70ページ

1 ①けんきゅう　②はず　③ゆ　④こま
⑤まじ　⑥にわ　⑦しく　⑧わだい

2 ①ア　②ア　③ウ　④ア　⑤イ

3 (1)ウ
(2)(順に)さとう・巣・さとう・列
(3)ふしぎなこ

考え方
3 (1)はじめの段(だん)落の終わりにある「ありは、ものがよく見えません。それなのに、なぜ、ありの行列ができるのでしょうか。」から考えることができます。
(2)「巣(す)」は、ひらがなで書いても正しい答えとします。
(3)さい後の文に「ふしぎなことに」とあります。これはウイルソンが思ったことです。

38. きほんのドリル 71～72ページ

1 ①う　②う　③じま　④きょうじゃく

2 ①オ　②ウ　③ア　④エ

3 ①エ　②ア　③ウ　④イ

4 (1)①2　②3　③1

(2)①○　②×　③○　④○

(3)イ

考え方

4 (2)③二つ目の理由のところで、「みなさんは……おぼえていますか。……練習しましたね。」とよびかけています。よびかけることで、聞く人の気持ちやきょうみを引くことができます。

39. まとめのドリル 73～74ページ

1 (1)そうま…力持ちで、少しそそっかしい

ゆな…いつも注意深く行動する

(2)ゴーッと地

(3)①○　②×　③○

2 (1)はたらきありが、……つけておいたのではないか

(2)体の仕組み

(3)・においがある。

・じょうはつしやすい。

(順番はちがっていても正かいです。)

(4)(順に)えき・道しるべ・におい

考え方

2 (3)すぐ後に、「それは、においのある、じょうはつしやすいえきです。」とあります。「それ」は、ありの「とくべつのえき」を指しています。

40. きほんのドリル 75～76ページ

1 ①かみさま　②はつか　③くすりばこ　④み　⑤たにん　⑥ゆ　⑦じしん　⑧お

2 ①落　②化　③祭　④心配　⑤転　⑥坂道　⑦医者　⑧始

3 (順に)会話文・地の文・語り手

4 (1)れい　(五つにもなるのに、)夜中に一人でせっちん[べんじょ]に行けないこと。

(2)モチモチの木

(3)れい　しょうべん(をされること。)

(4)れい　自分[じさま]とたった二人でくらしていること。

(5)りょうし

(6)きもすけ

考え方

4 (1)「夜中には、じさまについていってもらわないと、一人じゃしょうべんもできないこと。」なども正しい答えとします。

(4)「豆太に親がいないこと。」なども正しい答えとします。

41. きほんのドリル 77～78ページ

1 ①ウ　②ア

2 (1)豆太

(2)茶色いぴかぴか光った実

(3)もち

3 (順に)秋・山里・歩く・汽車

4 (1)①れい　灯がともったモチモチの木。

②ゆうきのある子ども。

(2)①ちっちゃい声で、なきそうに言った。

②ウ

考え方

4 (2)②豆太は、冬の真夜中に、モチモチの木をたった一人で見に出ることを考

えただけでも、おそろしくてしょうがありませんでした。自分は「おくびょう」、つまり、「ゆうきのある子ども」ではないと思っていたのです。

42. まとめのドリル　79～80ページ

1 ①明　②薬箱　③湯　④追　⑤実　⑥神様　⑦今夜

2 ①イ　②イ

3 （それぞれ順に）
①晴れ・野原・昼・食べる
②冬・夜空・星・雪

4 (1)豆太は、小犬みたいに体を丸めて、表戸を体でふっとばして走りだした。
(2)れい　走った［走りだした］
(3)ア
(4)れい　大すきなじさまが死んでしまうほうが、もっとこわかったから。
(5)れい　・月が出ているのに、雪がふっている(こと)。
・モチモチの木に灯がついている(こと)。
（順番はちがっていても正かいです。）

考え方
4 (2)同じ意味の言葉であれば正しい答えとします。
(3)「霜」をまるで人のように表しています。
(4)じさまを助けるために、勇気を出したのです。
(5)この夜は月が出ているのに雪がふっていたのです。

43. 学年まつのホームテスト　81～82ページ

☆1 ①ほうそう　②べんきょう　③せきたん　④ようもう　⑤うんてん

⑥おんど　⑦めいちゅう　⑧はな　⑨しゃこ　⑩こうふく　⑪にっきちょう　⑫みやだいく　⑬こうしん　⑭きたい　⑮かみさま　⑯よてい　⑰ゆらい　⑱ゆ　⑲じいん　⑳ちよがみ　㉑くちぶえ　㉒な　㉓にが

☆2 ①役　②速　③祭　④等　⑤柱　⑥研究　⑦消　⑧植　⑨筆箱　⑩宿　⑪礼　⑫勝負　⑬君　⑭庭　⑮打

☆3 ①晴れる　②走る　③明るい　④おだやか　⑤ない

☆4 ①イ　②ウ　③エ　④ア

☆5 ①ぼくは、去年、遠足で　さくらを見た。
②バナナは、わたしの　こうぶつです。
③花だんの　花が、とても　きれいです。
④坂道を　ゆっくり　のぼった。

おうちの方へ
三年生で国語辞典の使い方を学びました。国語辞典を使うには、まず見出し語見つけなければなりません。動詞、形容詞は終止形が見出し語ですが、形容動詞はちがいます。例えば「にぎやかな」の終止形は「にぎやかだ」ですが、見出し語は「にぎやか」です。形容動詞は、変化しない部分が見出し語となるので注意が必要です。国語辞典を有効に使って、使える語彙を増やしましょう。